区域经

河北省社会科学基金重大项目（HB19ZD04）成果

李志萍　陈凯　著

**WOGUO FENGXIAN TOUZI DE
KONGJIAN TEXING JI JINGJI XIAOYING YANJIU**

我国风险投资的空间特性及经济效应研究

中国财经出版传媒集团
经济科学出版社
Economic Science Press

图书在版编目（CIP）数据

我国风险投资的空间特性及经济效应研究 / 李志萍，陈凯著. —北京：经济科学出版社，2021.11

（区域经济重点学科系列丛书）

ISBN 978-7-5218-2623-4

Ⅰ.①我… Ⅱ.①李… ②陈… Ⅲ.①风险投资-研究-中国 Ⅳ.①F832.48

中国版本图书馆CIP数据核字（2021）第116936号

责任编辑：周胜婷
责任校对：孙　晨
责任印制：张佳裕

我国风险投资的空间特性及经济效应研究

李志萍　陈　凯　著

经济科学出版社出版、发行　新华书店经销

社址：北京市海淀区阜成路甲28号　邮编：100142

总编部电话：010-88191217　发行部电话：010-88191522

网址：www.esp.com.cn

电子邮箱：esp@esp.com.cn

天猫网店：经济科学出版社旗舰店

网址：http://jjkxcbs.tmall.com

固安华明印业有限公司印装

710×1000　16开　11.75印张　200000字

2021年11月第1版　2021年11月第1次印刷

ISBN 978-7-5218-2623-4　定价：72.00元

（图书出现印装问题，本社负责调换。电话：010-88191510）

（版权所有　侵权必究　打击盗版　举报热线：010-88191661

QQ：2242791300　营销中心电话：010-88191537

电子邮箱：dbts@esp.com.cn）

前　言

从发展历程来看，我国风险投资始于 20 世纪 80 年代中期，经过 30 多年的发展，我国已成为全球第二大风险投资市场，风险投资由发展之初的政府主导逐渐转变为市场化运作。风险资本投资于新创立的、具有发展潜力的、伴随高度不确定性的高新技术企业，并通过参与管理促使创业企业迅速成长，进而可以收回投资并获利。风险投资不仅向受资企业提供了资金上的支持，同时通过增值效应和监督效应，促进受资企业成长。国外研究表明，风险投资对于区域经济发展起重要作用，各级政府均高度重视能够促进风险投资发展的因素。我国区域经济协调发展上升为国家战略的背景下，有必要研究我国风险投资的空间特性以及相应的经济效应。

本书以获得风险投资的我国信息技术企业为样本，以信息技术企业获得的风险资本融资金额作为被解释变量，一定半径范围内的风险投资机构数量、同行企业数量作为解释变量，运用空间滞后模型考察了信息技术企业与风险资本的空间共生。研究发现，信息技术企业附近 100 千米以内和 200~300 千米两个范围圈内的风险投资机构增加、同行数量增加均使其风险资本融资水平显著增加。研究结果表明，信息技术企业与风险资本之间存在空间共生，信息技术企业之间同样存在空间共生，信息技术企业附近同行的融资水平也正向影响其融资金额。

本书对风险投资机构、风险投资支持的创业企业、风险投资事件数、投资金额的地理分布进行统计发现，风险投资机构和受资企业均集中在北京、上海、广东。采用区位基尼系数、泰尔指数、产业集中率和全局 Moran's I 值度量总体上的风险投资的空间集聚程度，发现我国风险投资存在空间集聚，且空间集聚程度呈"高—低—高"的波动趋势，全局 Moran's I 指数显著为正，进一步分析局域 Moran 散点图后可发现，中国各省区市风险投资业具有明显的空间差异性，呈现出显著的正向局域空间自相关。

本书基于 2008~2018 年的省级面板数据，采用空间误差模型对影响省级层面风险投资空间集聚的因素进行实证研究，回归结果表明地方政府对科技事业的支持、第三产业的发展、区域人力资本和交通基础设施均显著正向影响风险投资集聚。因此，为了促进风险投资的发展，地方政府可以加大政府对科技事业的支持力度、促进当地的第三产业发展、提高人口受教育水平以及加强交通基础设施的建设。

本书对风险投资机构的本地偏好进行度量和比较，发现不同资本来源、背景、总部位置、经验的风险投资机构的本地偏好存在显著差异。在此基础上，借鉴金融地理学的"嵌入性"概念，考虑到风险投资机构可能不是独立地做出投资决策，在投资地域选择上可能会受所在群体的影响，并与群体成员发生互动，本书以 2018 年达成交易的风险投资机构为样本，基于空间计量模型研究了风险投资机构本地偏好的同群效应。研究发现，风险投资机构的本地偏好存在同群效应，地理邻近的同群机构的本地偏好显著正向影响焦点风险投资机构的本地偏好，地理邻近且经验丰富的同群机构的本地偏好也显著正向影响焦点风险投资机构的本地偏好。同时也发现，同群效应的衰减速度较快。

风险投资存在空间集聚、本地偏好的空间特性，这些空间特性带来的经济效果如何，以及经济增长对风险投资空间特性有何影响，是需要进一步回答的问题。本书以 2000~2017 年省级面板数据为样本，采用面板向量自回归的方法对风险投资的空间集聚、风险投资的本地偏好与省级经济增长之间的因果关系进行了探索。格兰杰因果检验结果表明，风险投资的本地偏好与区域经济增长之间存在双向格兰杰因果关系，风险投资的本地偏好与风险投资集聚之间存在单向格兰杰因果关系。

目录

第1章 引言 / 1
1.1 研究背景 / 1
1.2 问题的提出 / 3
1.3 研究目标 / 5
1.4 研究思路 / 6
1.5 研究方法 / 9
1.6 主要创新点 / 10
1.7 章节安排 / 11

第2章 文献综述 / 14
2.1 《管子》和《尚书》等古籍中的空间选择和投资思想 / 14
2.2 西方区位理论对于地理距离的关注 / 17
2.3 区域金融的相关研究 / 22
2.4 金融地理学的相关研究 / 25
2.5 风险投资的空间集聚 / 29
2.6 本地偏好的相关研究 / 31
2.7 本章小结 / 39

第 3 章　相关概念及理论 / 40
    3.1　相关概念 / 40
    3.2　相关理论 / 50
    3.3　本书的理论框架 / 60
    3.4　本章小结 / 62

第 4 章　创业企业与风险资本的空间共生 / 63
    4.1　理论分析与研究假设 / 63
    4.2　数据与方法 / 65
    4.3　实证检验与分析 / 71
    4.4　研究结果讨论 / 78
    4.5　本章小结 / 79

第 5 章　我国风险投资空间集聚的时空变化 / 80
    5.1　我国风险投资的空间分布 / 80
    5.2　我国风险投资的空间集聚程度 / 86
    5.3　本章小结 / 100

第 6 章　我国风险投资空间集聚的省级环境因素分析 / 101
    6.1　理论分析 / 101
    6.2　研究设计 / 104
    6.3　实证结果与分析 / 107
    6.4　研究结论与政策建议 / 111
    6.5　本章小结 / 113

第 7 章　我国风险投资的本地偏好 / 114
    7.1　数据来源 / 114

7.2　本地偏好的比较 / 115
7.3　本地偏好的同群效应研究 / 133
7.4　本章小结 / 143

第8章　风险投资空间集聚、本地偏好与区域经济增长的关系 / 144

8.1　理论分析与研究假设 / 144
8.2　研究设计 / 145
8.3　实证结果及分析 / 148
8.4　本章小结 / 158

第9章　结论与启示 / 159

9.1　结论 / 159
9.2　启示 / 161
9.3　本研究的局限与后续研究展望 / 162

参考文献 / 163

第 1 章

引 言

风险投资为初创企业提供资金及其他支持，促进了区域创新及经济发展。从 1985 年我国第一家风险投资机构创立至今，风险投资的空间分布及投资空间的选择受到政府和学术界广泛关注。

1.1 研究背景

风险投资（venture capital，VC），又称为风险资本，是风险投资家将募集到的资金投资于初创的、具有显著成长潜力的、从传统渠道无法筹集到资金的高新技术企业，并运用其专业知识参与创业企业经营管理，促成创业企业发展，以期最终获得高资本收益的商业投资行为。风险投资的目的不在于绝对控制受资企业，而在于向受资企业提供包括资金在内的多方面支持，促进创业企业成长，最终通过创业企业首次公开发行（initial public offering，IPO）或并购的方式退出，从而收回投资，并为下一投资目标做资金准备。与其他投资类型不同，风险投资不仅为创业企业提供资金支持，也会提供管理建议，通过参与创业企业管理，使创业企业得到成长（Bottazzi et al.，2008）。风险投资在促进中小企业、新兴产业发展等方面发挥了重要作用。以美国为例，根据全美风险投资协会估计，截至2008年，风险投资所支持的上市或被收购的公司占私营企业就业的11%和美国GDP的21%，在软件、电信和半导体行业里，超过70%的员工在为得到风险投资支持的企业工作①。世界各国均不断致力于风险投资的发展。为贯彻落实《国务院关于推动创新创业高质量发展打造"双创"升级版的意见》提出的实施大中小企业融通发展专项行动计划，2018年11月21日工业和信息化部、国家发展改革委、财政部、国务院国资委联合印发《促进大中小企业融通发展三年行动计划》的通知中也指出，"鼓励设立各类创业投资引导基金、风险投资基金，引导股权投资机构加大支持实体经济发展"。2019年4月中共中央办公厅、国务院办公厅印发了《关于促进中小企业健康发展的指导意见》，提出包括营造良好发展环境、破解融资难融资贵问题、完善财税支持政策、提升创新发展能力等一系列政策措施。

我国的风险投资产业起步于1985年，2000年以后，尤其是近几年来，我国风险投资发展迅速，中国已成为全球第二大风险投资市场。风险投资的迅猛发展以及在此过程中出现的新变化，为研究我国风险投资机构的空间特性提供了良好的条件。因此，本书主要基于我国风险投资发展过程中表现出的以下特征：

第一，风险投资由发展之初的政府主导逐渐转变为市场化运作，从资本来源看，不仅有本土的风险投资机构，而且也活跃着中外合资风险投资机构、外资独资的风险投资机构。

第二，从风险投资机构的背景看，我国风险投资既有国有背景风险投资机构，也有2000年后纷纷进入中国的外资背景风险投资机构，同时也有日益活跃的本土企业与民间资本的民营背景风险投资机构。

第三，从风险投资的区域分布看，根据投中集团CVSource数据库对

---

① 珍妮特·K. 史密斯，理查德·L. 史密斯，理查德·T. 布利斯. 创业融资：战略、估值与交易结构 [M]. 沈艺峰，覃家琦，肖珉，张俊生，译. 北京：北京大学出版社，2017：49 – 55.

2000~2018年风险投资事件的统计发现，总部位于北京、上海和深圳的风险投资机构的投资事件占全部投资事件的比例高达72.595%，同时，位于这三个城市的受资企业占全部受资企业的58.036%，说明风险投资机构和风险投资支持的创业企业均集中于北京、上海和深圳，即风险投资存在地理集聚的现象。

第四，各地政府为了促进当地经济发展，纷纷通过成立产业引导基金或提供优惠政策等形式推动本地风险资本的发展。

从区域发展的角度来看，区域发展不平衡影响了我国整体经济的发展速度和质量，风险投资存在空间集聚和本地偏好的情况下，风险投资不发达地区可能会陷入风险投资需求和供应双双低迷的局面（Martin et al.，2005）。所以，有必要考察我国风险投资发展的地理集聚程度及其时空变化，同时，考察影响风险投资地理集聚的外部环境因素有助于地方政府有针对性地提高省级层面的经济、科技、基础设施等条件来吸引风险投资。

为了减少交易成本，风险投资机构倾向于选择地理邻近的创业企业进行投资，即风险投资机构存在本地偏好。对风险投资机构的本地偏好进行度量，并在此基础上比较不同类型风险投资机构的本地偏好程度，有助于了解我国风险投资机构的本地偏好程度及影响风险投资机构本地偏好的因素。同时，从社会互动的角度来考察风险投资机构本地偏好的同群效应可以更全面地理解风险投资机构投资地域选择背后的机理。

1.2　问题的提出

本书从创业企业与风险投资机构的空间共生、风险投资的空间集聚和风险投资的本地偏好三个方面来考察风险投资的空间特性，并在此基础上探讨省级层面上风险投资集聚、风险投资本地偏好与经济增长之间的关系。

1.2.1　创业企业与风险投资机构的空间共生

通常，初创的高新技术企业规模较小，无固定资产可用于抵押，无法从商业银行取得贷款，风险投资是其非常重要的融资来源。风险投资不仅向这些企业提供资金上的支持，还通过提供管理建议、扩大社会网络等方式提供其他支持（Sapienza et al.，1996），最终期望在受资企业成长后，风险投资机构通过 IPO 或并购等方式来实现退出受资企业。因此，风险投资机构与创业企业之间存在互相依赖性。

本书采用微观分析的方法，以 2000～2018 年获得风险资本融资的信息技术企业为样本，以信息技术企业的风险资本融资金额为因变量，采用空间滞后模型实证检验信息技术企业一定半径范围内的风险投资机构数量、同行企业数量对信息技术企业风险资本融资金额的影响，从而发现风险投资与创业企业之间的空间共生关系的地理半径范围。

1.2.2　我国风险投资空间集聚的时空变化

国内学者们不同时期的研究均发现风险投资存在空间集聚，但现有研究采用不同的数据来源、不同的度量方法，研究结果之间无法进行纵向比较，无法回答我国风险投资空间集聚的变化趋势。因此，本书从 Wind 数据库收集了各个省份的风险投资金额、风险投资事件数的信息，从国家统计局获得各个省份地区生产总值的相关数据，采用区位基尼系数、泰尔指数、产业集中率、空间 Moran's I 指数、区位熵和局域空间自相关检验的方法来度量我国风险投资的空间集聚的程度，并考察其变化趋势。

1.2.3　我国风险投资空间集聚的省级环境因素

现有研究多从省级层面分析影响风险投资空间集聚的因素，但未采用空间计量模型，即未考虑空间依赖性和空间异质性的问题。本书采用我国省级空间面板数据，通过空间计量模型的遴选选择最优空间计量模型来分析我国风险投资空间集聚的影响因素。

1.2.4 我国风险投资的本地偏好

为了降低交易成本，减少交易风险，风险投资机构会倾向于选择地理邻近的创业企业进行投资。以我国 2000~2018 年的风险投资事件为样本，借鉴卡明等（Cumming et al.，2010）度量本地偏好的方法，对我国风险投资机构的本地偏好进行度量，比较不同资本来源、背景、地区、经验和不同时期的风险投资机构本地偏好。除了风险投资机构特征会影响本地偏好外，风险投资机构间的互动也可能会影响其本地偏好。以 2018 年达成风险投资交易的风险投资机构为样本，采用空间计量模型来检验同群机构对风险投资机构本地偏好的影响。

1.2.5 风险投资空间集聚、本地偏好与区域经济增长的关系研究

考虑到风险投资集聚、本地偏好与区域经济增长之间的内生性，本书采用面板向量自回归的方法，探索风险投资集聚、本地偏好与区域经济增长之间的格兰杰因果关系，并基于最优滞后阶数来分析变量之间的动态互动关系。

1.3 研究目标

针对需要研究的问题，笔者确定本书的总体研究目的为：对我国风险投资空间共生、空间集聚、本地偏好等空间特性进行检验，发现相应的规律，

探索经济增长与风险投资的空间特性之间的关系。具体的研究目标如下：

（1）采用空间计量模型考察风险投资机构与创业企业之间的空间共生，发现创业企业一定半径范围内风险投资机构数量、同行数量对创业企业融资金额的影响。研究结果为地方政府扶持本地风险投资，促进信息技术企业的发展提供实证证据。

（2）度量风险投资的空间集聚程度并分析其时空变化趋势。采用区位基尼系数、产业集中度等传统的度量方法和区位熵的 Moran's I 指数来度量风险投资的空间集聚程度，并对空间集聚程度的变化趋势进行分析。采用 Moran 散点图来分析省域风险投资的局域空间自相关性，并对散点图中的"高—高""高—低""低—高""低—低"四个区域中的省份进行比较，发现空间集聚程度的空间变化趋势。

（3）采用空间计量模型，在考虑空间依赖的基础上，从省级行政区的经济、教育、科技、基础设施等方面分析影响风险投资机构空间集聚的影响因素，从而为地方政府提高本地资源禀赋促进风险投资发展提供政策依据。

（4）采用微观研究的方法，度量风险投资机构本地偏好的程度，并对不同类型风险投资机构的本地偏好进行比较，进一步考虑风险投资机构之间的社会互动对本地偏好的影响。研究结果有助于理解风险投资机构本地偏好背后的机理。

（5）采用面板向量自回归的方法，研究风险投资集聚、风险投资的本地偏好与区域经济增长之间的格兰杰因果关系，通过脉冲响应和方差分解来判断风险投资集聚、风险投资的本地偏好与区域经济增长之间的动态互动关系。

1.4　研究思路

为了实现上述研究目标，按照以下的基本思路展开研究工作：

(1) 基于我国风险投资快速发展过程中表现出的特点、中国区域发展不平衡的现状及中国政府为协调区域发展所实施的区域战略为背景，本书依次提出五个研究问题，并针对这些问题提出五个研究目标，根据这五个研究目标确定五方面主要研究内容。

(2) 进行相关研究文献综述。本书梳理了空间选择相关理论的发展，对区域金融和金融地理学的产生、发展及研究主题进行了总结，对风险投资的空间集聚、本地偏好的文献进行总结，从而发现空间相关的问题一直备受经济学家的关注，但关于风险投资空间相关问题的研究多未考虑空间依赖的影响。

(3) 对风险投资、空间特性和经济效应的相关概念进行界定，将空间特性细化为空间共生、空间集聚、本地偏好。本书介绍了本研究的理论基础，包括交易成本理论、信息不对称理论、社会互动理论、空间计量经济学的基本理论和经济增长理论，并提出在考虑空间依赖的基础上对风险投资的空间特性进行研究。

(4) 以信息技术企业为样本，考虑到空间依赖的影响，基于空间滞后模型研究风险投资机构与信息技术企业的空间共生，本书分析信息技术企业一定半径范围内的同行数量、风险投资机构数量对焦点企业风险资本融资金额的影响。

(5) 采用区位基尼系数、泰尔指数、产业集中率和全局 Moran's I 值度量我国风险投资总体上的空间集聚程度及变化趋势，本书采用局域 Moran 散点图分析省级层面的局域空间自相关及其变化。

(6) 基于区位理论，借鉴区域金融、金融地理学及风险投资空间分布的相关研究，本书提炼出影响风险集聚的因素，同时，考虑到我国省级层面风险投资的空间集聚存在空间依赖性，基于空间计量模型研究影响风险投资空间集聚的省级环境因素。

(7) 借鉴现有研究中关于本地偏好的度量方法，本书对我国风险投资机构的本地偏好程度进行度量，分析不同类型和不同时期的风险投资机构的本地偏好是否存在显著差异。在此基础上，以信息不对称理论、交易成本理论、社会互动理论为理论依据，建立考虑风险投资机构间互动的空间计量模型，采用不同的空间权重矩阵，检验不同的同群机构对风险投资机构本地偏好的影响。

（8）选择最佳的滞后阶数，研究风险投资集聚、风险投资本地偏好与经济增长之间的格兰杰因果关系，对风险投资集聚、风险投资本地偏好与经济增长之间的互动关系进行检验。

以上研究思路可用图1.1的技术路线图来表示。

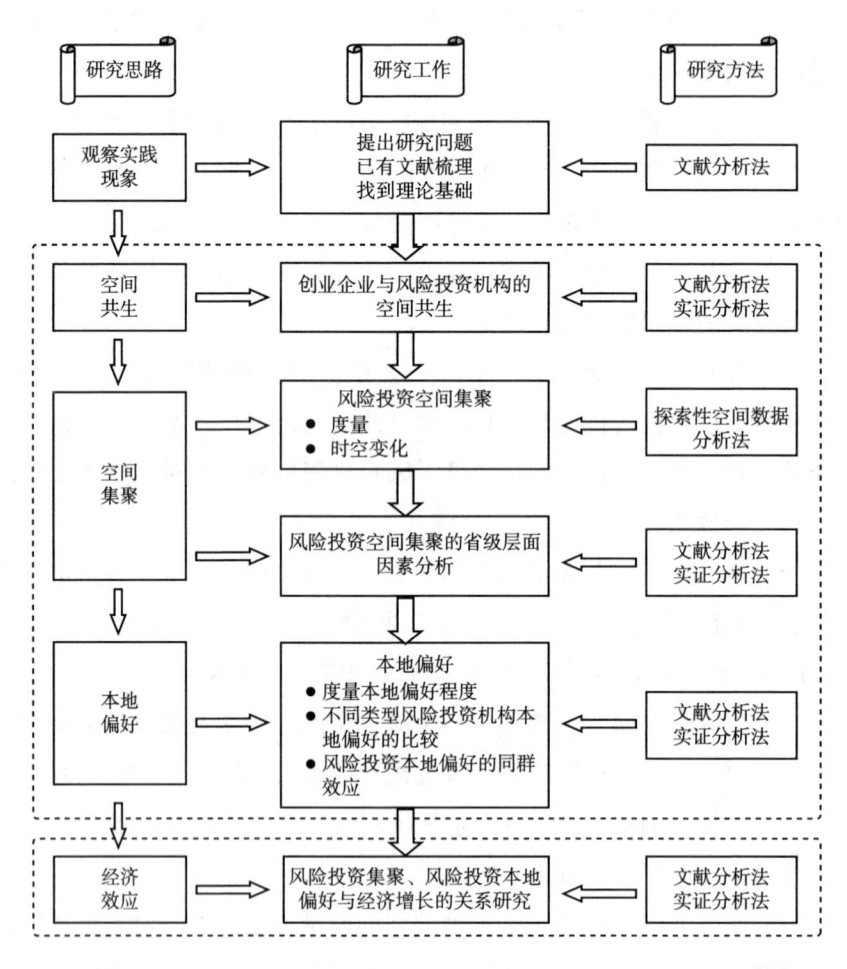

图 1.1　技术路线

1.5　研究方法

本书的研究方法主要包括：

（1）文献分析法。文献分析是了解国内外研究状况、明确研究价值和意义以及形成论文研究出发点的基础工作。本书从东北大学图书馆所提供的 Web of Science、EBSCO、Springer、Elmerald 等外文数据库检索了英文文献，从中国知网检索了中文文献，查阅了相关书籍，对文献进行筛选并通过百度学术对相关文献进行补充。在此基础上，对中国古籍中的空间选择及投资思想、西方区位理论中对于地理距离的关注进行梳理，对区域金融和金融地理学的产生、发展及研究主题进行总结，对风险投资空间集聚、本地偏好等相关文献进行梳理，通过文献分析，发现现有研究的成果及不足，进而发现本文的切入点。对风险投资、空间特性、经济效应等重要概念进行解析，从概念、影响等方面对信息不对称理论、交易成本理论和社会互动理论进行系统梳理，为本书的研究奠定了理论基础。这一方法主要运用于第 2 章的文献综述、第 3 章的相关概念及理论及其后第 4 章、第 6 章、第 7 章和第 8 章实证分析中的理论分析部分。

（2）探索性空间数据分析法。采用探索性空间数据分析检验我国风险投资的空间集聚程度及变化趋势。计算了全局 Moran's I 指数、区位熵，对区位熵进行了局域 Moran 散点图分析。这一方法主要用于第 5 章。

（3）实证分析法。采用实证分析的方法，对信息技术企业与风险投资的空间共生、风险投资的空间集聚、风险投资机构的本地偏好进行了研究，对经济增长、风险投资集聚和风险投资本地偏好的动态互动进行研究。具体来讲，以获得风险投资的信息技术企业为样本，采用空间滞后模型，检验信息技术企业一定半径范围内的风险投资机构数量、同行企业数量对其风险资本融资金额的影响。对我国风险投资的空间集聚程度进行度量，运用MATLAB空间计量包进行空间计量模型的遴选并确定最优模型，进而分析影响风险投资空间集聚的省级层面环境因素。建立考虑风险投资机构互动的空间计量模型，分析本地偏好的同群效应。采用面板向量自回归的方法实证分析风险投资集聚、风险投资本地偏好与区域经济增长之间的关系。这一方法主要应用于第4章、第6~8章中实证研究部分。

（4）宏观研究法和微观研究法。以区域总体经济为视角和研究对象，度量了风险投资的空间集聚程度，分析影响风险投资空间集聚的省级层面因素。以风险投资机构为研究对象，度量和比较风险投资机构的本地偏好，研究风险投资机构本地偏好的同群效应；以信息技术企业为研究对象，研究信息技术企业与风险投资的空间共生。

1.6　主要创新点

（1）本书采用空间计量模型在考虑了空间依赖性的情况下研究风险投资的空间集聚。以往关于风险投资空间集聚的实证研究多采用统计或聚类分析的方法发现风险投资存在空间集聚，然后采用传统回归的方法从区域环境上解释为什么存在集聚，较少在考虑空间依赖的基础上来研究风险投资的集聚特征。在存在空间依赖的情况下，样本数据是非独立的，不满足经典统计学的独立同分布的假设。本书采用空间计量模型并通过模型遴选来确定最适宜模型，并在此基础上研究区域环境因素对风险投资空间集聚的影响。

（2）本书综合采用宏观研究和微观研究的方法，全面分析了风险投资的空间特性及其与区域经济增长之间的关系。宏观研究以区域总体经济为视角和研究对象，本书采用宏观研究的方法分析了省级风险投资空间集聚，以及省级层面风险投资集聚、本地偏好、经济增长之间的关系；

以区域内单个经济主体为研究对象，采用微观研究的方法分析了风险投资与创业企业的空间共生、风险投资机构本地偏好及其同群效应。从不同层次、不同角度互补地分析了风险投资的空间特性及其经济效应。

（3）现有采用空间计量经济学模型的相关研究，多以国家、城市、地区、县等地理单位为空间单位，除地理单位外，空间计量经济学也可用来解释通过存在网络相关的经济代理人的行为，如个体、企业或政府，但这种类型的研究仍不多见（保罗·埃尔霍斯特，2014）。本书以创业企业、风险投资机构为空间单位，基于地理距离、地理—经验距离确定的空间权重矩阵研究创业企业与风险投资的空间共生、风险投资机构的本地偏好，拓宽了空间计量经济学模型的应用范围。

（4）从社会互动的角度研究了风险投资机构本地偏好的同群效应。现有研究发现风险投资机构存在本地投资偏好，本地偏好程度受风险投资机构特征的影响，但现有研究假设风险投资机构是独立做出投资决策的，忽略了风险投资机构之间的社会互动作用。在空间集聚的背景下，风险投资机构之间可能会互相学习、竞争，从而同群机构会对焦点机构的本地偏好产生影响。本书通过建立空间权重矩阵来界定风险投资机构之间的同群机构，建立同群机构对焦点机构本地偏好影响的模型并进行实证分析，研究发现风险投资机构的本地偏好存在同群效应。

1.7 章节安排

全书分为9章，具体安排如下：

第1章引言：首先分析了选题背景，引申出研究问题，并明确研究目标；然后设计研究思路，并对本书的研究框架进行说明，给出技术路线图；接着说明拟采用的研究方法；最后对本书的创新点进行说明。

第2章文献综述：介绍了古籍中空间选择和投资思想，对西方区位理论对地理距离的关注进行了总结，梳理了区域金融和金融地理学的产生、发展及研究主题，对风险投资的空间集聚、本地投资偏好的现有研究进行综述，指出已有研究的贡献与不足。

第3章相关概念及理论：一是明确风险投资、空间共生、空间集聚、本地偏好的概念及度量；二是总结交易成本理论，从概念和构成两方面对交易成本理论进行介绍；三是总结信息不对称理论，从概念、影响及应对方法等方面对信息不对称研究进行介绍；四是总结社会互动理论及社会互动理论在经济、管理领域的最新研究；五是阐述空间计量经济学的发展及模型；六是总结增长理论。本章内容为后续的分析奠定理论基础。

第4章创业企业与风险资本的空间共生：以2000~2018年获得风险投资的信息技术企业为样本，采用空间滞后模型，实证检验信息技术企业一定半径范围内的风险投资机构数量、同行数量对焦点企业融资金额的影响。具体的检验过程中，涉及因变量空间自相关的检验、变量的描述性统计及相关性分析，并对研究结果进行分析和讨论。

第5章我国风险投资空间集聚的时空变化：本章主要是基于风险投资事件数、投资金额的相关数据，计算基尼系数、泰尔指数、产业集中率等传统的度量集聚的指标，以及空间自相关Moran's I指数，以考察2000~2018年风险投资的空间集聚及其演变。

第6章我国风险投资空间集聚的省级环境因素分析：本章主要是在考虑空间依赖的基础上从省级层面环境来分析影响风险投资集聚的因素，被解释变量为风险投资的区位熵，解释变量包括地方政府对科技事业的支持、第三产业发达程度、区域人力资本、科技水平和基础设施等。通过模型遴选来确定最适宜模型，并在此基础上分析区域环境因素对风险投资空间集聚的影响。

第7章我国风险投资的本地偏好：本章借鉴现有研究中关于本地偏好的度量方法，度量了我国风险投资机构的本地偏好程度，并对不同类型（资本来源、风险投资机构背景、地区、投资经验）和不同时期风险投资机构的本地偏好进行比较。采用的方法为方差分析法、独立样本T检验和Wilcoxon Ranksum检验，分析目的是为了初步找到影响风险投资本地偏好的因素。在此基础上，以信息不对称理论、交易成本理论、社会互动理论为基础，提出相关假设，研究设计从数据来源、样本选择、变量定义及度量进行说明。之后，构建了考虑风险投资机构互动的空间计量模型，以2018年发生投资交易的风险投资机构为样本，采用多种空间权重矩阵对风险投资机构本地偏好的同群效应及作用机制进行了分析，对提出的研究假设进行检验。具体的检验过程中，涉及变量的描述性统计及相关性分析、模型遴选和回归分析。最后，对研究结果进行分析和解释，提出实证研究的结论及启示。

第8章风险投资空间集聚、本地偏好与区域经济增长的关系：考虑到三个变量之间可能存在的内生性关系，所以本书采用面板向量自回归的方法对三者之间的关系进行格兰杰因果关系检验、脉冲分析和方差分解，从而明确某一变量冲击带来的响应结果。

第9章结论与启示：首先，对本书的主要研究结论进行总结；其次，根据研究结论给出相应的启示；最后，阐述了研究的局限及未来研究可改进的方向。

第 2 章

文献综述

2.1 《管子》和《尚书》等古籍中的空间选择和投资思想

2.1.1 地理区位

《管子·心术上》指出,"位者,谓其所立也"[1]。中国传统经济理论引用易学的九宫学说将区域分为九个领域,分别为一个中心加八个区位。中心体现经济实质,八个区位分别为金融、市场、劳动、信息、行政、组织、固定资产和制度。在这一格局中,中心与八个外围组成隶属整合关系,中心区位占有、支配区域大部分资源,其实体比较富裕;八个外围区域之间构成平等耦合关系,外围区位的资源受限,其实体比较贫穷[2]。

---

[1] 管子 [M]. 房玄龄注. 上海:上海古籍出版社,2015:265.
[2] 陈凯. 道统经济学 [M]. 北京:经济科学出版社,2015.

2.1.2 距离

《尚书·禹贡》中阐述了地理距离对税收的影响,"五百里甸服。百里赋纳总,二百里纳铚,三百里纳秸服,四百里粟,五百里米。五百里侯服。百里采,二百里男邦,三百里诸侯。五百里绥服。三百里揆文教,二百里奋武卫。五百里要服。三百里夷,二百里蔡。五百里荒服。三百里蛮,二百里流。"①《管子·轻重乙》中指出"请与之立壤列天下之旁,天子中立,地方千里,兼霸之壤三百有余里,佌诸侯度百里,负海子男者度七十里,若此则如胸之使臂,臂之使指也"②,这一距离是地理距离。地理距离近,便于管理。

管子的经济社会"四维"治理框架体系中的距离是一种"功能距离"。功能距离的远近,影响动因作用力的大小③。

2.1.3 基础设施建设

管子曰:"故高杠柴池,所以致天下之牛马而损民之籍也,《道若秘》云:'物之所生,不若其所聚。'","请以令,为诸侯之商贾立客舍,一乘者有食,三乘者有刍菽,五乘者有伍养。天下之商贾归齐若流水"。④

2.1.4 控制投资节点,营造区域稀缺性,获取巨额利润

管子曰:"阳春农事方作,令民毋得筑垣墙,毋得缮冢墓;丈夫毋得治宫室,毋得立台榭;北海之众毋得聚庸而煮盐。然盐之贾必四什倍。君

---

① 冀昀. 尚书 [M]. 北京:线装书局,2007:47.
②④ 管子 [M]. 房玄龄注. 上海:上海古籍出版社,2015.
③ 陈凯. 道统经济学 [M]. 北京:经济科学出版社,2015:25-29.

以四什之贾,修河、济之流,南输梁、赵、宋、卫、濮阳。恶食无盐则肿,守圉之本,其用盐独重。君伐菹薪煮沸水以籍于天下,然则天下不减矣。"①

2.1.5 投资创新

古代学者认为,投资创新,始创需求,新于供给,设租收银。《管子·山权数》"御神用宝"典故似之:桓公问管子曰:"轻重准施之矣,筴尽于此乎?"管子曰:"未也,将御神用宝。"桓公曰:"何谓御神用宝?"管子对曰:"北郭有掘阙而得龟者,此检数百里之地也。"桓公曰:"何谓得龟百里之地?"管子对曰:"北郭之得龟者,令过之平盘之中。君请起十乘之使,百金之提,命北郭得龟之家曰:'赐若服中大夫。'曰:'东海之子类于龟,托舍于若。赐若大夫之服以终而身,劳若以百金。'之龟为无赀,而藏诸泰台,一日而衅之以四牛,立宝曰无赀。还四年,伐孤竹。丁氏之家粟可食三军之师行五月,召丁氏而命曰:'吾有无赀之宝于此。吾今将有大事,请以宝为质于子,以假子之邑粟。'丁氏北乡再拜,入粟,不敢受宝质。桓公命丁氏曰:'寡人老矣,为子者不知此数。终受吾质!'丁氏归,革筑室,赋籍藏龟。还四年,伐孤竹,谓丁氏之粟中食三军五月之食。桓公立贡数:文行中七,年龟中四千金,黑白之子当千金。凡贡制,中二齐之壤筴也。"②

2.1.6 投资风险

《管子·禁藏》中写道:"夫凡人之情,见利莫能勿就,见害莫能勿避。其商人通贾,倍道兼行,夜以续日,千里而不远者,利在前也。渔人之入海,海深万仞,就波逆流乘危百里,宿夜不出者,利在水也。故利之

---
①② 管子[M]. 房玄龄注. 上海:上海古籍出版社,2015.

所在，虽千仞之山无所不上，深源之下，无所不入焉。故善者势利之在，而民自美安，不推而往，不引而来，不烦不扰，而民自富。如鸟之覆卵，无形无声，而唯见其成"，"故审利害之所在，民之去就，如火之於燥湿，水之於高下"。《管子·形势解》中指出，"民，利之则来，害之则去。民之从利也，如水之走下，于四方无择也。故欲来民者，先起其利，虽不召而民自至。设其所恶，虽召之而民不来也。"《管子·牧民》中也指出"不求不可得者，不强民以其所恶也。"《管子·侈靡》中指出"县人有主，人此治用，然而不治，积之市，一人积之下，一人积之上，此谓利无常。百姓无宝，以利为首。一上一下，唯利所处"，既指出了"利无常"，同时也指出了人们"以利为首"。但同时，《管子·白心》中指出"非吾仪，虽利不为；非吾当，虽利不行；非吾道，虽利不取。上之随天，其次随人。"①

老子曰："执大象，天下往。往而不害，安平泰"。② "害"原始定义为阴阳分离，即两变量差距不断扩大所形成的两极分化，是一种危机。老子认为，投资收益应保持逐步上升趋势，而其成本（包括交易成本）不断下降，只要不出现收益下降与成本上升的两极分化，投资就不会出现风险，并一直保持安全平稳的状态，即"安平泰"。

2.2　西方区位理论对于地理距离的关注

2.2.1　古典区位论中的地理距离因素

约翰·冯·杜能于1826年发表了《孤立国同农业和国民经济的关系》一书，该书总结了他在德国北部冰碛平原梅克伦堡长期经营农场的观察和

---

① 管子［M］．房玄龄注．上海：上海古籍出版社，2015．
② 河上公．老子［M］．北京：中国书店，2013：73-74．

思考，提出了农业生产的区位理论。杜能认为，成本和价格是孤立国确定生产布局的决定因素。在成本项目中，不仅包括生产成本，而且也包括运输成本。农业经营者一方面要从城市购买生产资料并支付运费，另一方面又要将自产的农产品运到市场出售，也需支付运费，而运输成本是重量和距离的函数，因此产品的生产地和消费地之间的距离便成了孤立国生产布局的一个重要问题。当产品价格由完全竞争市场决定时，利润就取决于农场到市场的距离。因此，以城市为中心，在生产布局上形成许多规则的、界限明显的同心圈境，离城市越远，交通愈不便利，农业经营愈粗放。[①]杜能巧妙而深刻地分析了城市周围的土地利用，开创了经济学分析空间因素的典范。

韦伯被认为是工业区位理论的奠基人。他在1909年出版的《工业区位论》中，从运输费用、劳动力成本和集聚效应分析了工业区位的选择原则，即根据成本最小化原则寻找最佳区位。为了使工业生产成本最小，就必须尽量减少运费，运费取决于运输距离和原材料的性质。在找出运输成本最小的位置后，用劳动力成本和集聚效应对运费最小化确定的位置进行调整。如果存在某个具有廉价劳动力的地方，当企业从运费最低点迁到这一地点时，劳动力成本的减少大于运输费用的增长，则企业会从运费最低点区位向劳动力成本最低点区位偏移。如果集聚效应产生的经济效益大于或等于由于工业区位发生改变带来的运费和劳动力成本的增加，则会使运费和劳动力成本决定的区位发生偏离。[②]

可见，在古典区位理论中，地理距离及由地理距离带来的运费因素受到关注，通过地理距离和运输成本将生产活动对区位的依赖引入了经济学分析范畴。

---

① 约翰·冯·杜能. 孤立国同农业和国民经济的关系 [M]. 吴衡康，译. 北京：商务印书馆，1986.
② 阿尔弗雷德·韦伯. 工业区位论 [M]. 李刚剑，陈志人，张英保，译. 北京：商务印书馆，1997.

2.2.2 新古典区位论中的区位选择

新古典区位理论的代表人物是沃尔特·克里斯塔勒（Walter Christaller）和奥古斯特·勒施（August Losch）。沃尔特·克里斯塔勒在1933年出版了《德国南部中心地原理》一书，提出了中心地理论（central place theory）。

克里斯塔勒提出了"中心商品"这一重要概念，并且开创性地把非生产性的服务纳入研究范围，中心商品与服务分别指在中心地内生产的商品与提供的服务，中心地则指向居住在它周围地域（尤其指农村地域）的居民提供各种商品和服务的地方。生产者为了获取最大利润，会扩大其市场范围，导致生产者之间的距离会尽可能大；消费者为了降低出行费用，会到最近的中心地购买商品或服务。最终，自由竞争的结果会导致不同等级的中心地产生。等级高的中心地向周边地区提供的商品和服务种类也多。在运输成本最小的约束条件下，中心地的外围区必定呈正六边形。克里斯塔勒指出，要有效地组织生产和流通就应该形成以城市为中心并立足于多级市场区的区域市场结构，优越的区域结构会对产业集聚产生有力的拉动效应。①

奥古斯特·勒施于1939年出版了《经济空间秩序》，该书将一般均衡理论应用于空间研究，建立了具有动态特征的区位理论。与以往的区位理论不同，勒施认为决定企业区位的原则不再是运输费用或生产成本最小化，而是纯利润最大化。勒施认为决定区位时有两种基本的力量在发生作用：一是个别经济单位的优势均等化的倾向，二是竞争者数量达到最大限度的倾向。两种力量会共同决定均衡状态的区位，商品的生产地和消费地之间会形成规律性的空间特征。勒施还提出了"经济区"的概念，并在讨

---

① 沃尔特·克里斯塔勒. 德国南部中心地原理 [M]. 常正文，等译. 北京：商务印书馆，1998：19-32.

论经济区形成时提出了"集聚力"和"分散力"的概念雏形。他认为有些经济力向着集中的方向起作用，有些经济力向着分散的方向起作用，前者以专业化和大规模生产的利益为主，后者以降低运费和多样化生产的利益为主。两种纯经济力的作用下产生了经济区。[①]

新古典区位论对产业集聚的动力机制进行了探讨，并用一般均衡的方法分析了空间区位选择。

2.2.3 新经济地理学中的地理距离和运输成本

新经济地理学的代表人物有克鲁格曼、藤田昌久。新经济地理学理论建立在三个命题上：一是收益递增。生产规模的扩大带来产出的增加，从而带来生产成本的下降。二是不完全竞争模型。由迪克西特和斯蒂格利茨创立的不完全竞争模型，被克鲁格曼引入区域经济的分析。三是运输成本。

1977年，迪克西特（Avinash Dixit）和斯蒂格利茨（Joseph Stiglitz）在《美国经济评论》上发表了《垄断竞争和最优产品多样化》一文，建立了 D-S 模型，将规模经济的收益递增和不完全竞争纳入经济模型。D-S 模型建立了规模经济和多样化消费之间的两难选择如何达成均衡的框架（Dixit & Stiglitz, 1977）。克鲁格曼进一步将 D-S 模型用于分析国际贸易，并提出对规模经济的追求可以导致国际贸易发生这一观点。1979 年克鲁格曼发表的《收益递增、垄断竞争与国际贸易》一文蕴含了新经济地理学的雏形，在一般均衡模型框架下分析了生产要素和经济活动的区位（Krugman, 1979）。

新经济地理学的标志性作品是 1991 年克鲁格曼发表的《收益递增和经济地理》一文，该文建立了著名的核心—边缘模型（core-periphery model），简称 C-P 模型。这一模型奠定了新经济地理学的发展基础，对

---

① 奥古斯特·勒施. 经济空间秩序 [M]. 王守礼, 译. 北京：商务印书馆, 2010：18 - 137.

新经济地理学的发展具有里程碑式的意义。克鲁格曼技术化地处理了"冰山运输成本"，该理论假定这种成本表现为产品从始发地到目的地过程中发生的损耗，如同在海洋中运输冰山融化掉的那部分冰。但这一成本并非单纯指产品的运输成本，还包含了实现产品贸易的一切贸易成本或交易成本，是广义上的包含了贸易成本的运输成本或广义上的包含了运输成本的贸易成本。C-P模型得到的结论有：贸易自由度很低的初始条件下，生产和人口呈稳定的分散分布格局，随着运输成本的下降，人口和生产的区位在初期不会很快受到影响，但当运费足够低时，工业人口向某个区域迁移，工业生产出现集聚；当制造业份额足够大时，较大的前向关联和后向关联也会造成集聚，经济的演化将导致稳定的核心—边缘格局，即制造业的"中心"和农业的"外围"。[①] 克鲁格曼（1993）把距离函数形式的运输成本引入D-S模型，作为分析垄断竞争结构下市场和竞争优势的一项重要因素。

藤田昌久、克鲁格曼和维纳布尔斯在《空间经济学——城市、区域与国际贸易》一书使用相似结构的基本模型研究了区域经济学、城市经济学、经济地理学、国际贸易等不同领域的诸多问题，对不同空间层面的区位问题进行了分析，揭示了制造业的区域集聚、新城市的出现或形成、城市层级体系的演化、国际专业化、产业的国际扩散、国际间的产业集群、国家的对外贸易影响内部经济地理等一系列现象背后统一的空间经济规律[②]。

由此可见，地理距离及由此带来的成本依然是新经济地理学关注的焦点，同时新经济地理学更注重从经济系统的内生力量出发寻找经济活动空间集聚或不均等分布的根源。

[①] Krugman P R. Increasing returns and economic geography [J]. Journal of Political Economy, 1991 (99): 483–499.
[②] 藤田昌久，保罗·克鲁格曼，安东尼·J. 维纳布尔斯. 空间经济学——城市、区域与国际贸易 [M]. 梁琦，译. 北京：中国人民大学出版社，2011.

2.3 区域金融的相关研究

2.3.1 区域金融的产生与发展

戈德史密斯（1969）在《金融结构与经济发展》一书中首创金融结构对经济增长影响的理论分析。他从储蓄和投资相分离对经济运行的影响和金融结构的演进对经济的引致增长效应两个方面展开分析，认为发达的金融结构对经济增长的促进作用是通过提高储蓄、投资总水平和有效配置资金来实现的。

道（Dow，1997）的综述性文献指出区域经济学家一直以来不够重视货币和金融变量在解释地区收入差异方面的作用，所以导致研究区域金融的文献多属于宏观货币经济学的范畴，并将宏观货币经济学中区域金融的文献梳理为两部分：一部分是关于区域货币政策的区域效应；另一部分是关于区域金融，如当考虑地区间金融和贸易流动时货币乘数如何修正、对区域间资金流动的估计、区域金融市场（区域利率差异、区域信贷市场）等。

国内对区域金融理论的研究主要借鉴了金融发展学、区域经济学以及新兴的金融地理学的研究成果与方法，将金融置于区域范畴，分析金融在空间上的结构形态与作用机制，因此，研究区域经济的方法同样也适用于区域金融的研究（董金玲，2008）。

张军洲于1995年出版的《中国区域金融分析》是国内第一本系统研究区域金融问题的专著，他认为区域金融理论以现代市场经济条件下的金融发展空间结构变动规律为研究对象，研究内容包括空间金融结构的差异、现代金融生长点、金融资源配置与优化组合、区域金融与区域经济发展的相互关系、区域金融发展的动力等，而区域金融是指一个国家金融结构与运行在空间上的分布状况，在外延上表现为具有不同形态、不同层次和金融活动相对集中的若干金融区域，这些区域的金融结构差异、差异互补和相互关联构成了一国的区域金融体系。支大林（2002）认为区域金融理论主要研究金融增长与金融发展空间结构变动规律，反映金融结构与金融运行的空间差异和具体的分布状态，其实质在于找出决定一个区域金融结构的主要经济因素，并阐述这些因素如何通过相互作用形成金融发展。

之后学者们从区域金融发展与区域经济增长（艾洪德、徐明圣、郭凯，2004；王景武，2005）、区域金融差异（俞颖、苏慧琨、李勇，2017）、区域金融协调发展（刘进军，2015；尹优平，2007）等方面进行了研究。

2.3.2 区域金融的研究主题

1. 区域金融结构、金融发展与经济增长的关系研究

戈德史密斯（1969）在《金融结构与经济发展》一书中首创金融结构对经济增长影响的理论分析。李健（2004）对金融结构的形成、变迁、效应及其与金融发展、经济发展之间的内在联系进行了研究，指出区域金融结构对区域经济的作用主要表现在金融结构对区域经济的分工、合作有促进作用，金融开放结构直接影响了区域经济结构的形成，强化了区域经济结构的进一步发展，科学的区域性金融投向能缩小区域间的差距。刘程军等（2020）基于多维邻近视角研究了长江经济带区域金融空间联系网络特征，研究发现，"多核心"的金融空间联系网络格局较为稳定，网络复杂度持续升级且呈现"东密西疏"的空间分布特征，金融空间联系格局展现出"核心—边缘"的发展形态，空间集聚特征明显，信息技术发展打破了传统地理空间距离对金融空间联系的壁垒，具有明显的多维邻近效应，其中城市经济规模、工业基础能力、产业升级导向和城市创新能力是区域金融能力与金融网络格局形成的主要影响因素，政府供给导向因素具有较强的空间溢出效应，区域间的政府竞合行为有利于金融要素的流转与联系。

金和莱文（King & Levine，1993）利用 1960~1989 年间 80 个国家的数据进行实证研究，发现金融体系可以促进经济增长，衡量金融发展水平的各种指标与实际人均国内生产总值的实际增长率、实物资本积累率以及经济体利用物质资本效率的提高密切相关。国内学者王子明和周立（2004）对中国各地区 1978~2000 年期间的金融发展和经济增长之间的关系进行了实证研究，发现中国各地区金融发展与经济增长密切相关，促进金融发展有利于长期的经济增长，金融发展差距可以部分解释中国各地区间经济增长差距，提高地区金融发展水平，对于长期的经济增长会带来良好影响。周天芸等（2014）采用格兰杰因果检验方法，对环渤海地区、长江三角洲地区和珠江三角洲地区的区域金融中心发展与区域经济增长关系进行实证检验，研究发现，短期内金融中心的发展对区域经济的增长具有促进作用，但区域经济的增长对金融中心的发展缺乏推进作用，长期来看，金融中心发展对区域经济的增长具有促进作用且区域经济的增长对金融中心的发展也具有推动作用。

2. 区域金融差异

区域金融差异的研究涉及区域金融差异的度量、演变及影响因素的研究。崔光庆和王景武（2006）研究认为，改革开放以来我国区域金融差异显著扩大，且我国区域金融差异的形成主要根植于中央政府的制度安排和地方政府的政策选择，并据此提出政府应为区域金融发展提供更多的符合市场化规则的外部制度安排，从而为区域经济发展构筑有效的金融环境。俞颖等（2017）研究了金融差异演进路径及地方政府在其中的作用，研究发现，金融体制市场化改革以后，中国总体和东部地区金融差异沿倒 U 型轨迹演进，由于金融资源的大量外流和回流障碍，中西部地区长期锁定于金融均齐发展的低差异状态，地方政府通过信贷资源向国有企业的倾斜配置会抑制金融差异沿市场化方向演进，因此提出政府干预应以区域金融差异的市场化演进路径为基础，重点疏通东部地区向中西部地区金融扩散的渗透通道，从而实现推动中西部地区金融资源从低效率的均齐化配置向高效率的差异化配置转变。

3. 金融中心的形成条件

金融中心是区域金融研究关注的另一主题。潘英丽（2003）认为，金融中心形成的基本条件有政治与经济稳定、高效的金融机构体系、先进的通信设施和良好的监管环境，不同地方的相对吸引力会对金融机构选址产生重要影响。黄解宇和杨再斌（2006）用金融集聚理论分析了金融中心的形成原因，研究指出，自然集聚过程是金融中心形成的基础，政府推动是金融中心形成的重要原因，金融集聚通过扩散效应影响区域经济发展，并通过支持产业集聚加速区域经济的发展。陶治和张国胜（2020）比较了国外国际金融中心的发展状况，分析了我国建设国际金融中心的必要性以及其建设过程中可能面临的问题与挑战，提出发展上海国际金融中心以及根据不同功能发展区域性金融中心的建议。

2.4 金融地理学的相关研究

2.4.1 金融地理学的产生与发展

西方金融地理学起源于地理学家眼中的经济地理学的一个分支，相关研究始于20世纪50年代[①]，兴起于20世纪80年代，受全球产业转移和发达国家产业"空心化"的影响，西方国家的地理学者开始关注于服务业的空间性研究（武巍、刘卫东、刘毅，2005）。随着城市经济的产业升级，金融业在发达经济体中的地位不断提高，地理学家发现，通

---

① Myrdal G. The Economic Theory and the Underdeveloped Regions [M]. London: Gerald Duckworth, 1957.

过地点和空间来研究金融是一种新的且非常重要的研究思路（李小建，2006），20世纪90年代以后，学者们对于货币、银行等金融相关的空间问题进行了研究。与区域金融一样，金融地理学使用空间和地理的视角来考察区域金融问题，不同的是，这里的"地理"是广义概念，不仅仅包括自然地理环境，还包括社会人文环境（金雪军、田霖，2004）。莱申（Leyshon，1995，1997，1998）在金融地理学的3篇代表性综述文献中阐述了地理学及相关社会科学对金融和货币的影响，指出金融地理研究方向和分析尺度的变化，即"一般—特殊""系统—网络—个体"。

随着金融监管的改变、技术创新和全球化的影响，金融地理又增加了相关研究内容。另外，次贷危机、全球金融危机以及欧元区危机后，关于金融危机的相关研究纷纷出现，如沃伊奇克（Wójcik，2013）通过聚焦纽约和伦敦，将金融中心纳入关于全球金融危机起因和后果的讨论中，认为2007～2009年的全球金融危机在很大程度上与"纽约—伦敦轴心"相关。克里斯托弗斯（Christophers）等学者出版的《危机后的货币与金融》一书分析了金融危机对金融的影响，并对这一问题从地理学家的角度进行解析[①]。

2.4.2 金融地理学的研究主题

金融地理学的研究主题可以分为金融机构的空间结构和空间发展过程、地理距离之争以及金融危机对金融地理的影响。

1. 金融机构的空间结构和空间发展过程

金融空间性研究的代表性人物是戴维·哈维（David Harvey），他的著作主要集中于分析金融地理的格局及其发展过程、金融服务空间的不均衡性、金融在资本主义积累中扮演的角色、特定金融制度的空间组织

---

① Christophers B, Leyshon A, Mann G. Money and finance after the crisis: critical thinking for uncertain times [M]. Oxford: Wiley Blackwell, 2017.

与运作等。

其后，学者们在戴维·哈维研究的基础上，进一步分析了金融集聚、金融中心的决定因素。莱申（Leyshon，1995）主要对金融集聚的影响因素进行研究，他在分析金融机构的空间集聚问题时指出，银行各分支机构的溢出效应、居民的金融素养和收入层次、整体的金融文化等都是对金融机构空间集聚产生影响的重要因素。

思里夫特（Thrift，1994）最早采用信息流动理论对金融集聚成因进行解释，他将信息划分为两类，即标准化信息（standardized information）和非标准化信息（non-standardized information），标准化信息也被称为"编码信息"（codified information），这类信息比较容易被理解和被接受，可以突破地理空间范围上的限制，能够被媒体和信息技术等手段进行无差异的真实传播，不会出现信息毁损；而非标准化信息也被称为"默示信息"（tacit information），思里夫特认为大多数金融信息在本质上都是"非标准化"的，在传播的过程中会产生距离耗损（distance-decay），且存在歧义性和边际成本递增的特性，要想对非标准化信息进行充分的理解和认知，必须接近信息源，因此正是非标准化信息的大量存在催生了金融集聚。

国内学者关于金融集聚的研究包括了影响金融集聚的因素（任英华、徐玲、游万海，2010；王宇、郭新强、干春晖，2014）、金融集聚的边界效应（方芳、李长治，2020）、金融集聚与经济增长（刘红、叶耀明，2007；丁艺、李靖霞、李林，2010；李林、丁艺、刘志华，2011；李红、王彦晓，2014）、金融集聚对民营经济影响的空间效应（张玄、冉光和、陈科，2020）。赵晓斌（Zhao，2003）等学者对金融中心的影响因素进行了一系列研究，将决定金融中心兴衰的力量概括为五个主要方面："信息溢出""不对称信息""信息腹地""路径依赖""国际依附性"。赵晓斌等（Zhao et al.，2004）以中国为例说明了尽管信息的电子传输大大减少了距离的摩擦，但主要金融服务仍然在特定地点高度集聚。赵晓斌和王坦（2006）通过对跨国公司总部的调查，运用"信息溢出""不对称信息""信息腹地"的理论解释了跨国企业总部和金融机构的集聚,并认为北京因其独有的政策制定功能,最有条件发展成为国内最大的金融中心。

此外,随着时间推进,金融中心和以银行业为代表的传统金融主体研究逐渐退出了中心舞台,但以风险投资为代表的新晋金融主体在最近受到了较多的关注,风险投资的区位特征和影响因素成为新兴的研究领域(李振发等,2018)。

2. 地理距离之争

1992年奥布莱恩(O'Brien)提出了"地理已死"观点,即"地理区位在金融业中不再至关重要,或不如以前重要……对于金融公司来说,这意味着只要对信息和计算机系统进行适当的投资,地理区位的选择就可以大大地放宽……随着市场和法规的一体化,地理的实用价值以及基于地理而进行决策的必要性将要发生改变,而且是不断减小"[①]。

但多数地理学家不同意"地理已死"的观点,认为尽管通信技术和全球化对传统区位因素的影响有所改变,但地理区位对全球金融业的布局仍起着重要作用(Zhao et al.,2004)。波斯茨和雷伊(Portes & Rey,2005)提出,由于信息的不对称性导致了资产交易与距离存在很强的反向关系。还有学者从不同信息的特性上进行分析,将信息分为标准化信息(编码知识)和非标准化信息(默示知识),非标准化信息获取和解读较难,且必须结合非标准化信息的背景才能正确评价其价值,正是由于信息的不对称性质,金融部门需要接近于信息源(Thrift,1993)。

波斯茨和雷伊(Portes & Rey,2005)关于股权资本跨界流动的决定因素的研究表明,影响交易流动的主要决定因素为市场规模和交易成本,其中,信息及交易技术对交易成本的影响重大,虽然资产不像货物,是无重量的,距离不能够代表运输成本,但距离可以代表信息的不

---

① O'Brien R. Global financial integration: the end of geography [M]. London: Council on Foreign Relations, 1992.

对称性，因此距离与交易之间呈现反向关系。阿格尼丝（Agnes，2000）指出本地嵌入性有助于正式交易金融信息的快速交换，使交易商能够形成影响其交易策略的"市场感觉"，为了促进交易网络的形成和金融信息的高效流动，近距离或者面对面的交流不可缺失。因此，即使信息技术发达，地理位置依然重要。

3. 金融危机后更广泛的研究主题

2007年金融危机的爆发是金融地理学发展的重要转折点，开始涌现出大量研究成果。该阶段研究主题更加多样化，包括房屋抵押贷款、货币政策、企业治理、金融管治、家庭金融活动、信贷风险重组、金融问责制和碳市场金融服务等新主题（潘峰华等，2014）。

综上，金融集聚的相关问题受到区域金融和金融地理学研究的关注，区域环境因素会影响金融集聚，随着信息技术的发展，地理距离在金融业中的作用出现两种争论，但多数学者认为地理距离在金融业布局中依然重要。

2.5 风险投资的空间集聚

马歇尔首先从投入品共享、劳动力市场和知识溢出对产业空间集聚现象进行了经典解释①。关于风险投资的空间集聚现象在20世纪80年代便引起了国外学者的注意，莱因巴克和阿姆雷海因（Leinbach & Amrhein，1987）对美国风险投资地理分布的研究指出，纽约州、马萨诸塞州和加利福尼亚州是美国的风险投资聚集地，陈亨利等（Chen et al.，2010）发现，在美国风险投资机构和被投资的企业主要集中于旧金山、波士顿和纽约三个都市圈。类似的现象也出现在其他国家，梅森和哈里

---

① 阿弗里德·马歇尔. 经济学原理 [M]. 廉运杰, 译. 北京: 华夏出版社. 2005: 226-233.

森（Mason & Harrison，2002）对英国风险投资地理分布的研究发现，英国的风险投资集中于伦敦和英格兰东南部以及苏格兰，施瓦茨和巴尔－艾尔（Schwartz & Bar-El，2007）发现以色列的风险投资高度集中于焦点区域，这一高度集中意味着会带来区域差距的扩大。

国内学者不同时期的研究均表明，中国风险投资行业的发展存在明显的区域不平衡，中国的风险投资集中于少数几个城市或发达地区（蔡莉、朱秀梅、孙开利，2004；刘卫东、刘超，2005；陈工孟、蔡新颖，2009；陈治、张所地，2010），蔡莉等（2004）将北京、上海和深圳归为风险投资发达区域，龙玉和李曜（2016）将北京、上海、广州和深圳认定为我国的风险投资中心，且省域创业投资集聚具有显著的空间相关性，东部地区为创业投资"高高"集聚的区域，西部地区为创业投资"低低"集聚的区域（张玉华、李超，2014）。这种分布不均衡进一步加剧了各地区经济发展的不平衡（刘卫东、刘超，2005）。佘金凤等人把形成这种不平衡性的原因归结创新资源的优势吸纳效应和空间临近效应（佘金凤、汤兵勇，2007）。

综上，国内外研究均发现风险投资的发展存在空间集聚的现象，但现有的关于中国风险投资空间集聚的研究多通过统计或聚类分析的方法发现风险投资存在空间集聚，然后采用传统回归的方法从区域环境上解释为什么存在集聚，较少采用空间计量模型来研究风险投资的集聚特征。但根据安塞林（Anselin，1988）空间计量经济学家的研究，几乎所有的空间数据都具有空间自相关性的特征，所以应该基于空间计量模型来探讨风险投资空间集聚及影响因素。此外，针对快速发展的中国风险投资市场，风险投资空间集聚程度发生何种变化是有待回答的问题，但现有研究中不同学者采用了不同的研究方法，无法通过对现有研究进行比较来发现风险投资空间集聚程度的变化规律。本书将采用基尼系数、泰尔指数、产业集中率等传统的度量集聚的指标和空间自相关的方法 Moran's I 指数来考察 2000~2018 年风险投资的空间集聚及其演变，然后基于空间计量模型来分析影响风险投资空间集聚的因素。

2.6 本地偏好的相关研究

2.6.1 本地偏好现象

根据传统的金融理论，投资者应该通过持有最优投资组合来分散投资风险，即收益确定的情况下，通过分散投资组合来降低非系统性风险。但在实际市场中，投资者所持有的投资组合与最优投资组合之间存在较大差异，表现为投资者更多地持有本国或本地的组合。本国偏好指投资者将更多的资金投资于自己所居住国家的资本市场，本地偏好（local bias）指投资者将大部分资金投资到离自己居所近的公司。传统的金融理论比如资本资产定价模型无法解释这一现象。本地偏好是投资者非理性行为的表现之一，是行为金融领域中重要的组成部分。

最早发现本国投资偏好现象的是弗伦奇和波特巴（French & Poterba，1991），他们对美国、英国、日本、法国和德国等五国投资者的证券投资组合进行了对比研究，研究发现，在国际证券市场，跨国分散投资的程度非常低，五国的投资者（包括机构投资者）均将绝大多数资金投资在本国证券上（平均90%以上），以美国为例，美国投资者将94%的资金集中投资于本国证券，而美国的证券市场占全球证券市场的比例不到48%，他们将这一现象称为"本国偏好之谜"（the home bias puzzle）。之所以称为"谜"，是因为投资者只需进行简单的跨国分散投资就可轻松获得更高的投资绩效（更低的方差、更高的报酬），但是投资者却无视这一几乎"免费"的效率增进机会。此后，这种偏好和投资行为的关系也受到越来越多学者的关注。本国偏好现象不仅存在于证券市场发达的经济体，也存在于新兴市场上（Tesar & Werner，1995；Kim，2017），既有个人投资者（Daly & Xuan，2013），也有机构投资者

(Lavigne & Nicet-Chenaf, 2016; Maier & Scholz, 2018)。

除国际股票投资存在本国偏好外,即使在一国资本市场内部也存在地缘效应,即倾向于选择地理距离邻近的投资对象,科沃尔和莫斯科维茨(Coval & Moskowitz, 1999)最早将对"本国偏好"的研究转移到"本地偏好"研究上。其后,陆续有学者发表了关于个人投资者本地偏好的研究。例如,黄喻琴等(Huang et al., 2016)通过分析投资者在中国互联网股票留言板上发布的信息考察了投资者注意力的本地偏好,研究发现,个人投资者对本地公司股票的关注程度高于非本地公司股票。除个人投资者外,机构投资者同样存在这种投资偏好,甚至基金经理这一专业的投资群体也表现出强烈的地域偏好。美国投资经理对总部设在当地的公司表现出强烈的偏好(Coval & Moskowitz, 1999),新成立的基金经理股票持有量显示出强烈的本地偏好(Parwada, 2008)。霍克伯格(Hochberg, 2013)发现机构投资者在私募股权市场存在本地偏好,且这一效应在公共养老基金中表现得尤为明显。同时,苏拉曼(Sulaeman, 2014)研究发现不同城市的基金所表现出来的本地偏好具有很大的差异,纽约和芝加哥这两大世界金融中心的基金经理没有表现出本地偏好,相反他们超配异地股票,而其他地区的基金,例如华盛顿、洛杉矶、波士顿等地的基金则表现出明显的本地偏好,也正是这些地区的强烈的本地偏好使得美国整个基金业在总体上呈现出本地偏好倾向。

卡明和戴(Cumming & Dai, 2010)借鉴科沃尔和莫斯科维茨(Coval & Moskowitz, 1999)关于本地偏好的度量方法,度量了风险投资机构的本地偏好,并从风险投资机构特征上实证研究了风险投资机构本地偏好的影响因素,发现成立年头久、规模大、此前 IPO 业绩好的风险投资机构的本地偏好更弱。陈亨利等(Chen et al., 2010)的研究则从风险投资机构、受资企业的分布上来分析风险投资机构的投资地域选择,发现位于风险资本中心的风险投资机构的投资绩效更好,且这一优异绩效源自远距离投资的回报。

国内学者关于地理距离对投资行为的影响,多集中于跨国直接投资，在国际证券投资方面，田澍和江萍（2016）研究了QDII基金经理的海外联系对其全球资产配置的影响，研究发现，在控制全球各主要资本市场的相关特征后，QDII基金经理偏好投资于其曾经工作过或者入籍的关联市场，基金经理可以充分利用其在关联市场的信息优势，降低投资组合的整体信息不对称程度，进而改善基金业绩。吴立广和黄珍（2012）运用2009年中国8家QDII基金境外组合的周收益历史数据，与基于全球29个股市指数的收益数据构建的国际投资分散化有效前沿进行比较，发现我国QDII基金存在较显著的本土偏好。张顺明等（2016）发现国内投资者更倾向于持有与国内资产相似但纯风险更小、暧昧风险补偿为正的国外资本，同时在选取的样本国中发现存在本国偏好。

有关地理距离对国内投资活动影响的研究主要集中在股票市场，研究对象同样包括了个人投资者和机构投资者。李延喜等（2012）以上海、天津、大连的3710名投资者为研究样本，研究发现，中国资本市场内部存在地缘效应，信息优势与地缘效应之间存在倒U型关系。赵静梅等（2012）对北京、上海、深圳开放式基金的本地偏好进行研究发现，北京基金和上海基金低配本地股，表现为本地规避，深圳基金高配本地股，表现为本地偏好。张谊浩和陈一童（2016）同样发现我国开放式股票型基金有持续的本地偏好，且逐年扩大，基金的本地偏好受上市公司特征的影响，表现为对治理水平较好、透明度较低、信息不对称程度较高的上市公司以及由地方政府控股的本地上市公司有明显的本地偏好。

此外，郭丽环和郭东强（2020）的研究进一步将本地偏好的研究拓展到在线投资行为上，研究发现，即使在线众筹平台打破了空间局限，但众筹项目的投资行为仍存在本地偏好。王晓翌和陈乾坤（2011）、徐涛等（2014）是关于本地偏好和母国偏好的综述性文献，分别基于行为金融理论的视角对本地偏好理论进行了梳理，从本地偏好现象的存在、本地偏好的研究角度以及本地偏好产生的动因三个角度进行综述，对母国偏好的判断和衡量、母国偏好行为的解释以及发展趋势进行了评述。

总体上，学者们最先发现国际投资领域中的"本国偏好"现象，进而延伸到国内投资领域，发现国内投资中同样存在"本地偏好"。无论是个人投资者还是拥有专业化知识和技能的机构投资者均表现出明显的"本地偏好"。国内关于本地偏好的研究多集中于股票市场，对风险投资机构的本地偏好研究较少。

2.6.2 本地偏好的度量

本国偏好采用实际持有的本国资产比重与依据资本资产定价模型（capital asset pricing model，CAPM）决定的最优投资组合中本国投资比重之差。其中，最优投资组合中本国投资份额一般采用本国资产在全球资产总额的比例来替代。科沃尔和莫斯科维茨（Coval & Moskowitz，1999）采用现有投资组合的平均距离与基准投资组合的平均距离的偏离程度来度量本国偏好，具体表达为基准投资组合的平均距离减去真实投资组合的平均距离，再除以这一基准投资组合的平均距离。其中，计算基准投资组合平均距离时的权重分为两种：一种是等权重法，即基准投资组合中 n 家公司股票的权重为 1/n，另一种是以该公司股票市值占全部股票市值的比例作为权重。同样，现有投资组合的平均距离的权重也分为两种：一种是等权重的，另一种是以基金经理所管理的资金占全部基金管理资金规模的比例为权重。这一方法后来被广泛采纳。

马弗鲁克（Mavruk，2008）采用了三种方法来度量本地偏好：第一种方法是计算现有投资组合的平均距离与基准投资组合的平均距离的比率；第二种方法是等权重地计算现有投资组合的平均距离与基准投资组合的平均距离的偏离程度；第三种方法是计算现有投资组合与基准投资组合的平均距离时采用加权平均的方法。

李延喜等（2012）通过比较投资者持有本地股比例、本地和外地投资机会来检验地缘效应，其中，本地投资机会等于本地上市公司流通股市值合计除以A股流通股市值合计，外地投资机会等于1减本地投资机会。

赵静梅等（2012）采用与苏拉曼和考克斯（Sulaeman & Cox，2008）同样的研究方法来测量本地偏好与本地规避。如果本地基金投资于本地股的比例超过本地股的市值比例，则表现为本地偏好，否则即表现为本地规避。

关于上述本地偏好的计算，可以总结为两类：第一类是现有投资组合的平均距离与基准投资组合的平均距离的偏离程度，需要先计算出现有投资组合与基准投资组合的平均距离，各种方法不同之处在于计算平均距离时采用的权重不同；第二类是首先界定出"本地"与"外地"，再计算投资组合中本地股的比例，进而与本地股的市值比例进行比较或者相减。

2.6.3 产生本地偏好的原因

1. 信息不对称

受信息缺失与有限认知影响，投资者会认为投资信息较多的母国公司所需承受的风险较小，故更倾向于选择本土公司的股票。以科沃尔和莫斯科维茨为代表的学者认为，投资者对本地公司具有信息优势，所以会将高比例的资金投资于本地公司的股票（Coval & Moskowitz，1999），其后的研究也发现共同基金经理投资的本地公司为其带来超额回报（Coval & Moskowitz，2001）。苏拉曼（Sulaeman，2014）研究发现，虽然积极管理的共同基金在本地股票中的表现并不比在远地股票中的表现异常优越，但本地基金经理往往交易更积极，且外地基金经理往往模仿本地基金经理的投资组合，说明本地基金具有信息优势。久巴和蒙德里亚（Dziuda & Mondria，2012）提出了一个委托资产管理模型来解释基金经理的本地偏好，基金经理可以选择专注于本国资产还是外国资产，由于个人投资者对基金经理的能力不确定，他们更了解国内市场，所以会选择存在本土偏好的基金经理,为了吸引投资者,能力较高的基金经理会放大其本土偏好。

从投资者的特征来看,富有的、经验丰富的投资者更有信息优势,所以他们更可能投资于海外证券市场,且获得了更好的投资组合业绩(Bailey et al.,2008),本地非正式信任网络有助于克服信息不对称问题(Rutterford et al.,2017)。从投资对象的特征来看,为了降低信息不对称,外国经理人更喜欢那些具有增强公司可见性特征的公司(Piccioni et al.,2012)。

国内学者李延喜等(2012)认为中国资本市场仍然处于发展的初期,信息不对称较为严重,并从信息优势的角度解释了股票投资中的地缘效应。赵静梅等(2012)指出,北京基金、上海基金和深圳基金都拥有不为外地投资者知晓的本地上市公司私人信息,其中北京基金获取本地私人信息的能力最为显著。

2. 交易成本

与投资外国或外地公司相比,投资本国或本地公司的信息获取成本更低,尤其是投资本地公司时,投资者可以获得更多私人信息。在预期收益相当的情况下,投资者为了减少交易成本,会选择本国或本地公司。投资者超额配置本国股票获得了相当显著的正收益,这些超常收益来源于信息不对称以及因此产生的市场摩擦(Ahearne et al.,2004)。还有学者研究发现,贸易、治理、市场规模、跨境资本管制和交易成本均正向影响澳大利亚投资者的本国偏好(Daly & Xuan,2013)。

3. 交易壁垒

本国偏好的出现,可能是由于一国对于境外投资存在政策性限制。艾波等(Aabo et al.,2016)指出政治干预是股票市场出现本地偏好的必要条件。同样,为了保护本国金融市场,一国可能并不开放或不完全开放金融市场,境外投资者无法克服相关的法律障碍和复杂的税收限制,或者需要克服额外的障碍(Christelis & Georgarakos,2013)。跨国投资障碍还包括政府的金融监管和当地投资环境(例如当地同行金融机构的质量和竞争程度），金融监管和投资环境也会导致跨国投资的本国偏好，国家透明度影响基金的国际资产组合，基金系统性地减少了对透明度较低国家的投资（Gelos & Wei，2005）。另外，政策壁垒不仅导致存在本地偏好，还会出现对政治相关股票的偏好（bias towards politically-connected stocks）（Bradley et al.，2016）。

国内学者吴立广和黄珍（2012）将上述三个方面综合，指出资本管制、交易成本和信息不对称是造成QDII基金本土偏好的主要原因，因此放松资本管制、降低交易成本、降低信息获取成本、加快资本市场开放和合作能够使投资者更好地享受国际分散化投资带来的利益。

4. 熟悉效应

投资者通常认为本国市场、本地市场甚至自己的受雇公司是相对熟悉的，因此会高配这些公司的股票。休伯曼（Huberman，2001）发现公司雇员大量投资于受雇公司的股票，即使在考虑交易成本、信息不对称后，本国偏好仍然存在，本国偏好很可能是本国投资者的一种熟悉效应，即人们喜欢投资于熟悉的领域。廖理等学者（Liao et al.，2012）发现中国散户投资者更喜欢投资于在地理位置邻近的证券交易所上市的股票，这种偏好并非出于信息优势，因为投资者并未因此而获得更高回报，这一偏好源于投资者的熟悉效应。阿克特等（Ackert et al.，2005）采用试验研究发现，熟悉是美国和加拿大投资者本地偏好的主要决定因素。基金高配基金经理家乡所在地的股票，但家乡所在地股票的表现并不好于其他股票，家乡偏好并非缘于信息优势，而是熟悉效应影响了共同基金经理的投资组合决策（Pool et al.，2005）。投资者不仅存在本国偏好，而且在海外投资时更青睐回报率与国内资产相关性更大的国家，这种相关性之谜归因于熟悉效应（Bergin & Pyun，2016）。投资者更喜欢投资于熟悉的股票（Liao et al.，2016）。金（Kim，2017）认为，投资者对亚洲国家的熟悉效应影响亚洲金融市场间的本土偏好程度。

里弗和耶吉尔（Riff & Yagil，2016）测试了熟悉度和发音的流利度的因素是否会影响本国偏好，结果表明，与本国资产、熟悉资产和发音流利的资产相比,被试者对外国资产、不熟悉资产和发音不流利的资产所愿意承担的风险较小,所以出现本国偏好。贝克特等(Bekaert et al.,2017)发现教育、金融知识等对国际多样化也有积极影响,这与基于熟悉效应和信息障碍的解释一致。

5. 口碑效应

有学者采用传染病模型,研究发现股票市场参与受到社会互动的影响,与邻居互动或参加教会的家庭比其他家庭更有可能进行股票投资(Hong et al.,2004)。还有学者研究发现,个人投资者的股票投资选择会影响其邻居的股票投资选择,个人投资者在一个行业的股票投资增加2%,其邻居在这一行业的股票投资会增加10%,购买当地股票情况下,这一效应更为明显,在控制家庭和邻居的投资风格及本地公司的行业构成不变的情况下,个人投资者与其邻居的投资选择联系的1/3~1/2是口碑传播(Ivković & Weisbenner,2007)。

6. 相对乐观

投资者在评估不确定性事件时自信心会影响其投资决策,投资者对本国资产的投资回报更乐观,认为与投资于国外资产相比,投资本国资产的投资回报率更高,相对乐观有助于解释本国投资偏好(Solnik & Zuo,2016)。

7. 国家文化与爱国主义

莫尔斯和希夫(Morse & shive,2011)的研究表明,爱国主义程度越高的国家里,本地投资偏好更强,在一组涵盖53个国家的世界价值观调查中,在控制了交易壁垒、多元化利益、信息和熟悉度之后,爱国主义与本国偏好呈正相关。爱国主义抑制了外国投资,并增加了对国内债券的过度投资,来自高不确定性规避国家的投资者较少投资于外国债券(Pradkhan,2016)。

安德森等(Anderson et al.,2011)从国家文化的角度解释了机构投资者的本国偏好和外国股票投资的多元化,发现具有较高不确定性规避行为的国家的投资基金表现出更大的本国偏好,其海外持有的多元化程度较低，男子气概水平和长期取向较高的国家的投资组合本国偏好程度较低，海外投资组合中，对文化距离较大的国家的投资较少。

综上，因为传统的金融学理论无法解释本地偏好的产生原因，国内外学者尝试从行为金融学角度解释本地偏好，且也有学者注意到了邻居这一群体对个人投资者投资决策的影响，但鲜有文献从同群效应的角度来考察本地偏好。正如经济社会学家格拉诺维特（Granovertter，1985）所提出的"经济活动是嵌入具体的社会关系之中的"，从社会互动的角度来分析风险投资机构的本地偏好是一个较新的视角。

2.7　本章小结

本章对中国古籍中的空间选择和投资思想、古典区位论、新古典区位论、新经济地理学、区域金融、金融地理学、风险投资空间集聚的研究进行梳理，从而发现地理距离、空间集聚受到经济学家的关注由来已久，对于风险投资空间集聚的研究可以基于区位理论、区域金融和金融地理学的相关研究展开。同时也发现，关于风险投资集聚的现有研究多采用传统回归方法，较少采用空间计量经济学模型，未考虑空间依赖的影响。从新经济地理学的角度来看，可以考虑地理距离对风险投资空间行为的影响。基于金融地理学的相关研究，从"嵌入性"的角度来分析同群机构对风险投资机构本地偏好的影响是一个较新的视角。

第 3 章

相关概念及理论

3.1 相关概念

3.1.1 风险投资

1. 风险投资的概念

风险投资（venture capital，VC），学者们对于风险投资有不同的描述。比如，美国经济学家道格拉斯·格林沃尔德（Douglas Greenwood）主编的《经济学百科全书》里对风险投资的解释是：准备冒险的资金，它是准备为一个有迅速发展潜力的新公司或新发展的产品经受最初风险的资金，而不是用来购置与这一公司或产品有关的各种资产的[①]。

美国学者兹维·博迪等认为，风险资本家将资金投资于新的企业，帮助管理队伍将公司发展到可以"上市"的程度，即将股份出售给投资

[①] 道格拉斯·格林沃尔德. 经济学百科全书 [M]. 李滔, 冯之佩, 孙永澂, 杨文士, 译. 北京：中国社会科学出版社, 1992: 53.

公众,一旦达到这一目标,典型的风险投资公司将售出其在公司的权益,转向下一个新的企业①。

美国学者林德（Rind, 1981）指出,投资者从事下列活动时,即已构成风险投资的行为:创立新事业或挽救、扩充现有的事业;投资于高风险高利润的地方;投资交易达成前会进行详细的分析调查工作;针对投资对象会使用各种不同的投资工具;进行长期投资;直接参与投资对象的经营,为所加入的投资计划提供更多的附加价值;力图使资本最大化,风险投资者的报酬来自投资事业成功经营后的资本利得。

美国全美风险投资协会认为,"风险投资使美国能够通过将想法和基础研究转化为改变世界的产品和服务来支持其创业人才。风险投资基金把公司从最简单的形式,也许只是企业家和用商业计划表达的创意,发展成独立的、成熟的组织。风险投资机构是为最具创新性和发展前景的公司提供风险资本支持的专业机构管理者。"②

我国著名学者成思危先生在《积极稳妥地推进我国的风险投资事业》一文中对风险投资的定义是,"所谓风险投资是指把资金投向蕴藏较大失败危险的高新技术开发领域,以期获得成功后取得高资本收益的一种商业投资行为。"（成思危,1999）

上述不同定义从不同的出发点和侧重点对风险投资进行了界定,本书将风险投资定义为:风险投资家向特定的对象募集资金后,将资金投资于新创立的、具有发展潜力同时也具有高度不确定性的高新技术企业,并通过参与管理促使创业企业迅速成长,进而可以收回投资并获利的权益资本。

与风险投资相关的另一个概念是私募股权（private equity, PE）。私募股权指任何没有在有组织的交易所进行交易的权益上的投资,包括公司早期阶段的风险资本投资,也包括对公司还未注册的股票进行的投

---

① 兹维·博迪,罗伯特·C.默顿,戴维·L.克利顿.金融学[M].曹辉,曹音,译.北京:中国人民大学出版社,2010:67.

② NVCA. What is venture capital? [EB/OL]. [2018-8-1]. https://nvca.org/about-us/what-is-vc/.

资，而这些公司已经有可以自由交易的已注册的股票①。因此，风险投资是一种特定种类的私募股权。两者本质上的区别并不大，只是被投资企业所处的阶段不同。② 所以本书将 PE 和 VC 不做严格区分。黄福广等（2014）研究地理距离如何影响风险资本对新企业投资时，也同样未严格区分风险资本与私募股权。

2. 风险投资的特点

刘曼红等将风险投资的特征总结为：是对非上市企业的直接投资；采用的是股权投资模式；是一种增值性投资；具有高风险高（潜在）收益的性质；是一种长期性投资。③ 本书通过对上述定义的梳理，总结了风险投资的以下几个特点。

（1）风险投资以获得股息、红利和资本利得为目的。风险投资通过创业企业的成长达到资本增值，进而通过 IPO 或并购等方式退出创业企业，收回资金后再次投入创业企业，如此循环。风险投资进入创业企业虽然会参与企业管理，但并不以控制和拥有创业企业为目的，而是为了获得投资回报后成功退出创业企业。这一过程大约需要 3～5 年。

（2）风险投资有特定的资金募集对象。风险投资的资金来源有政府机构、养老基金、银行及非银行金融机构、大企业集团、个人和家庭。不同资金来源背景的风险投资具有不同的投资目的。政府引导基金和地方政府设立的产业基金往往会有制度方面的限制，各地方政府设立的产业引导基金一般会有投资地域限制，要求不低于一定比例的资金投资于本地。

（3）风险投资以初创的、具有发展潜力的高新技术企业为投资对象。这类创业企业往往商业模式独特，无同类可比企业。另外，由于成立时间短，这类企业往往尚未建立信誉且无固定资产用于抵押，很难从

---

① 珍妮特·K. 史密斯, 理查德·L. 史密斯, 理查德·T. 布利斯. 创业融资：战略、估值与交易结构 [M]. 沈艺峰, 覃家琦, 肖珉, 张俊生, 译. 北京：北京大学出版社, 2017: 49 - 55.
② 胡海峰, 胡吉亚. 风险投资学 [M]. 北京：首都师范大学出版社, 2016: 3 - 4.
③ 刘曼红, Levensohn P. 风险投资学 [M]. 北京：对外经济贸易大学出版社, 2011: 10 - 12.

银行获得贷款。风险投资以这类创业企业为投资对象，也决定了风险投资是一种高风险的投资。在风险投资行业存在"大拇指法则"，即如果风险投资机构一年投资于 10 家高科技创业企业，在 5 年左右的发展过程中，会有 3 家公司垮掉，另有 3 家停滞不前，有 3 家能够上市，并有不错业绩；只有 1 家能够脱颖而出，迅速发展，给投资者以巨额回报。对于风险资本而言，这 1 家的投资回报即足以弥补其余 9 家的投资损失。

（4）风险投资参与受资企业的经营管理。风险投资机构参股创业企业后，成为创业企业的股东之一，风险投资机构与创业企业之间形成了委托代理关系。风险投资机构是委托人，创业企业是代理人，双方之间存在信息不对称的情况。为了减轻信息不对称带来的问题，风险投资机构会通过积极参与创业企业的管理，比如拓展供应商或分销商的来源，为企业的日常运营提供管理建议，甚至可能解除现有的管理层。

（5）风险投资是一种权益性投资。与银行贷款不同，风险投资是一种权益性投资。通常风险投资占创业企业 15%～20% 的股权，有时会达 30%。

3. 风险投资的运作程序

（1）募集资金。以采用有限合伙制形式的风险投资机构为例，合伙人分为普通合伙人和有限合伙人，普通合伙人是基金的发起者，负责从有限合伙人那里募集投资资本，通过投资组合来配置资本，培育创业企业从而实现资本增值。从基金构成上来看，普通合伙人一般会投入基金资本的 1%，从有限合伙人处募集其余的 99%。有限合伙人可能是政府、银行、养老基金和保险基金等非银行金融机构、大的企业集团、富裕的个人和家庭。

（2）选择投资对象。这一阶段的主要目的是从众多的项目中挑选出可供投资的项目。这一过程又可以分为项目初选、尽职调查和项目终选。项目初选指风险投资机构根据一定的标准对各种渠道获得的投资项目进行筛选，初选标准一般包括以下内容：投资金额、投资行业、投资阶段、企业估值、风险评估和地点偏好等。尽职调查指风险投资机构在投资前对创业企业现状、成功前景及管理团队所做的独立调查，调查内容包括：审查商业计划书；了解管理团队的背景及经验；对创业企业的产品（或服务）和市场需求进行分析。其中，对创业者及团队的评估是最基本和重要的评估内容。为了客观、全面地做出评估，风险投资机构往往从多方面进行信息搜集，除了与现有管理团队面对面会谈外，还会与供应商、客户、内部员工、股东等方面进行沟通，以及向银行、会计师事务所、律师事务所进行咨询。这一过程往往会历时几个月。项目终选指与企业家进行洽谈，评估投资项目，达成并签署投资协议。洽谈内容包括投资形式、投资金额、股权比例、股权保障方式、风险投资机构参与创业企业经营管理的方式、退出方式及时间安排等。

（3）参与创业企业管理。这一阶段的主要工作内容是对创业企业的管理进行监督，向创业企业提供专业化管理建议及咨询，帮助创业企业获得更多资源，实现快速发展。同时，风险投资机构会对创业企业进行持续的评估，并决定是否进入下一轮投资。

（4）退出。IPO 退出是风险投资最佳退出方式。但 IPO 退出的门槛较高，风险投资还会采用股权转让的方式退出。虽然股权转让的收益不及 IPO 退出高，但风险资金能够很快从所投的创业企业中退出，进入下一轮投资。此外，还有回购退出和清算退出。回购退出指受资企业的管理层购买风险投资机构手中的股份，本质上回购退出也属于并购。清算退出是针对投资失败项目的，清算退出一般只能收回原投资的 64%。

4. 风险投资的产生及发展

（1）美国风险投资的产生及发展。风险投资最早产生于 20 世纪 40 年代的美国。美国第一家风险投资基金由美国研究与发展公司（American Research and Development，ADR）于 1946 年成立。ADR 是第一家公开交易的、封闭型投资公司，它主要为那些新成立的、快速成长的公司提供权益性融资。ADR 的创始人乔治斯·多里奥特也因此被称为"美国风险投资之父"。1958 年，美国国会通过了小企业投资法（Small Business Investment Act，SBIA），允许设立小企业投资公司（Small Business Investment Companies，SBIC），该立法希望通过税收优惠和贷款优惠鼓励对初创企业的投资,从而促进科技创新。这一法案从法律上确立了中小企业投资制度,为风险投资发展提供了制度化的组织,为其后美国风险投资的发展奠定了坚实的基础。

20世纪70年代中后期,美国经济出现衰退,美国风险投资开始进入低谷。为了培育利于风险投资发展的环境,美国政府出台了一系列税收优惠和其他扶持政策。比如,美国政府于1978年通过了收入法案,将资本利得税税率从49.5%降为28%,1981年进一步降为20%,1986年改为满足条件的风险投资机构投资额的60%免征收益税,其余的40%减半征收。1979年后又允许养老基金投资于小的或初创企业所发行的证券和创业基金,使养老基金成为了重要的资金来源。20世纪70年代,有限合伙人制逐渐取代公司制成为美国私募股权投资的主流形式。这一系列政策的效果在20世纪80年代凸显出来,美国风险投资得到迅速发展,风险投资支持的计算机、生物技术、医疗卫生行业也发展迅猛。20世纪80年代后期,由于在计算机硬件等领域的过度投资、竞争加剧等原因导致投资回报下降,美国私募股权投资出现急剧下降。

20世纪90年代后,美国证券市场发展态势良好,网络经济的兴起为风险投资家创造了投资机会。2001年以后,受互联网泡沫破灭的影响,美国风险投资额持续下降,风险投资的发展出现停滞,2003年后出现复苏,直到2008年,由于次贷危机爆发引发全球金融危机,风险投资额出现下降的趋势[①]。

(2)中国风险投资的产生及发展。在我国,风险投资的发展大致经历了四个阶段。

第一个阶段是1985~1997年的起步阶段。1985年3月,中共中央在《关于科学技术体制改革的决定》中指出,对于变化迅速、风险较大的高技术开发工作,可以设立风险投资给予支持。1985年9月,国务院批准成立了中国内地第一家以从事风险投资业为目的的风险投资机

---

① 胡海峰,胡吉亚. 风险投资学 [M]. 北京:首都师范大学出版社,2016:24.

构——中国新技术创业投资公司，它的成立标志着我国风险投资的开始。其后很多地方政府都设立了以孵化科技为目的的风险投资公司，如上海创投、中国招商技术有限公司、广州技术创业公司、深圳高新投等政府背景的风险投资机构陆续成立。进入90年代后，随着我国经济的快速发展及全国各地纷纷建立的高新技术开发区，国务院在1991年3月颁布的《国家高新技术产业开发区若干政策的暂行规定》中指出，有关部门可以在高新技术产业开发区建立风险投资基金，用于风险较大高新技术产业开发，条件成熟的高新技术开发区可创办风险投资公司。随后，国家科委（现已更名为科技部）和有关部委以及各地科委，进行了各种形式的实践探索，以独资、合资的方式建立了企业或事业性质的风险投资机构，这些风险投资机构尝试了由政府出资、聘请专业团队管理的方式，为我国政府背景的风险投资在管理模式上进行积极的探索。1995年，我国政府通过了《设立境外中国产业投资基金管理办法》，打开了中国股权投资市场的大门，鼓励国外的风险资本来中国进行投资。1996年，首次允许大型企业、大学和个人资金进入风险投资行业，资金来源变得多样化，但总体上，我国的风险投资机构基本上为国有独资及政府人员管理，因此在管理模式上也未能摆脱政府干预。

  第二个阶段是1998~2001年的发展阶段。1998年3月在人大、政协"两会"上，民建中央提出了"关于尽快发展我国风险投资事业"的提案，这一提案被列为"一号提案"。作为中国最早关注和研究风险投资的人士之一、时任全国人大常委会副委员长、民建中央主席的成思危提出了在中国循序渐进发展风险投资的方案。1998年12月，国务院办公厅转发了科技部等七部委提出的《关于建立我国风险投资机制的若干意见》，此后，发展风险投资开始列入各级政府的日程，各地政府也纷纷出资或与大型企业集团共同出资设立风险投资机构，各地方政府还出台了地方性的风险投资政策法规，希望吸引和带动民间资本和外资进入当地风险投资市场，中国风险投资事业开始蓬勃发展起来。1999年《中共中央关于加强技术创新、发展高科技、实现产业化的决定》的出台为我国私募股权投资的发展做出了制度上的安排，极大地鼓舞了发展私募股权投资的热情，国内相继成立了一大批由政府主导的风险投资机构。1999年8月，中共中央、国务院专门召开了全国技术创新大会，做出了关于加强技术创新、发展高科技，实现产业化的决定。在中央政策的激励下，我国风险投资步入了全面发展时期。另外，随着我国经济的快速发展，我国的一些民营企业在发展的过程中积累了大量的富余资金，从而涌现了一批具有民营背景的风险投资机构，例如复星资本、联想创投、同创伟业等。2000年初出台的《关于建立我国风险投资机制的若干意见》是我国第一个有关风险投资发展的战略性、纲领性文件，为风险投资机制建立了相关的原则。另外，2001年9月1日起施行的《关于设立外商投资创业投资企业的暂行规定》使外资风险投资首次获得了中国法律的认可。此后，越来越多的外资背景的风险投资机构被中国新兴市场所吸引，纷纷进入中国，如IDG、软银、红杉等。但是，在2002年之前，新成立的风险基金的规模从未超过1000万美元（Guo & Jiang，2013）。2001年后，由于国家的相关法律规范和扶持政策不到位，市场预期的创业板推迟开设，再加上网络泡沫破灭导致的美国风险投资低迷，中国风险投资发展进入了调整期。

　　第三个阶段是2002~2013年的往复发展阶段。事物的发展往往是循环往复的，风险投资亦如此。这一阶段表现为"复苏—发展—调整—发展—调整"的特点。2003年2月，国家外汇管理局联合科技部等五个部门联合出台了《外商投资、创业投资企业管理办法》。2004年后，中国风险投资又进入了全面的复苏期。2004年5月，中小企业板经国务院批准正式在深交所设立，这一政策拓宽了风险投资的退出途径，重拾了风险投资机构的退出希望。2005年11月，《创业投资企业管理暂行办法》发布，这是中国风险投资行业的第一部国家层面的政府法令，该办法为风险投资机构的发展提供了法律支持。2006年1月1日，修订后的《中华人民共和国公司法》和《中华人民共和国证券法》开始正式实施，取消了风险投资机构在法律上存在的障碍，并且从组织形式、注条件、出资方式、投资比例、募资形式和条件、上市资格等方面体现创业扶持，为风险投资公司的发展注入新的活力。同年，《中华人民共和国合伙企业法》修订完毕，并于2007年发布实施，为有限合伙制的实施提供了法律保障。《中华人民共和国企业所得税法》自2008年1月1日起实施，其中规定"创业投资企业从事国家需要重点扶持和鼓励的创业投资，可以按投资额的一定比例抵扣应纳税所得额"。2008年1月1日起实施的《高新技术企业认定管理办法》为高新技术企业申请税收优惠提供了依据。2008年还发布了推动和规范中国各地政府引导基金设立和运作的《关于创业投资引导基金规范设立与运作的指导意见》。2009年10月30日，酝酿十年之久的创业板正式上市，为风险资本再添一成功退出途径。2012年，中国PE/VC募资环境恶化，成立基金总数和总募资金额出现了骤降（黄晓、胡汉辉，2014），至2013年达到阶段性低谷。

第四个阶段是2014年至今的快速发展阶段。2014年后，无论是投资事件数还是投资金额均出现快速增长。图3.1是对风险投资金额和投资事件数的统计。从图中也可以看出，从2005年后尤其是2013年后风险投资得到了快速发展。

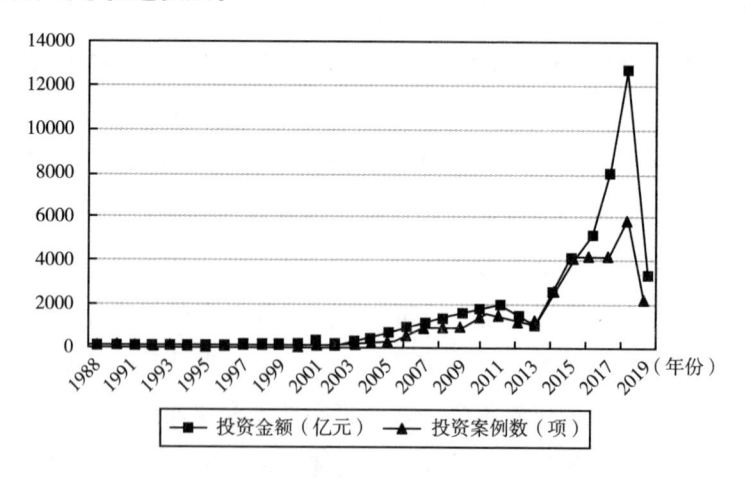

图3.1 我国风险投资金额及投资案例数的历年统计

注：2019年数据为截至2019年7月20日数据。
资料来源：作者根据Wind数据库中数据绘制。

3.1.2 空间特性

空间特性是指事物在地理空间上表现出来的特有的性质。风险投资的空间特性是指风险投资机构、风险投资受资企业在地理空间上所表现出来的特有性质。本书将其特性总结为空间共生、空间集聚和本地偏好三个方面。

1. 空间共生

空间共生指创业企业与风险投资机构之间在空间上相互依存的关系，两者共同发展、相互促进。本书的空间共生侧重于从创业企业一定半径范围内风险投资机构数量、同行企业数量对风险资本融资金额影响的角度来说明创业企业对风险投资机构、同行企业的依存关系。

2. 空间集聚

空间集聚是区域经济学中的重要概念，指特定产业在特定空间上的集聚。空间集聚可以带来劳动力池、中间投入品共享和技术溢出等马歇尔外部性以及行业层面的规模报酬递增。

本书中的风险投资空间集聚指风险投资机构、接受风险投资的企业主要集中在少数几个省份或城市。

3. 本地偏好

本地偏好的研究起源于国际投资中的本国偏好，本国偏好是投资者在构建投资组合时，高配本国资产而偏离了根据资本资产定价模型（CAPM）决定的最优投资组合。本地偏好指在国内投资组合中，投资者高配本地资产而偏离最优投资组合。

本书将风险投资的本地偏好界定为：风险投资机构在面临多个可供选择的创业企业时，即使若干创业企业之间不存在差异，风险投资机构仍倾向于选择地理距离较近的投资对象。与空间集聚、空间共生相比，本地偏好侧重于从风险投资机构的角度来进行分析。

3.1.3 经济效应

本书的经济效应是指风险投资的空间特性带来的经济增长的反应和效果，具体指空间集聚、本地偏好带来的经济增长的反应和效果。

3.2 相关理论

3.2.1 交易成本理论

1. 交易成本的概念

交易成本，又称为交易费用，指完成一笔交易时，交易双方在买卖前后所产生的各种与此交易相关的成本。交易费用的思想由科斯（Coase, 1937）首次提出，但其并未直接提出"交易成本"这一概念。科斯（Coase, 1960）提出"市场交易成本"的概念，而后为新制度经济学的建立提供了理论基础，同时也是现代企业理论和产权理念的理论基础。

新古典经济学以完全竞争的自由市场经济为背景，认为价格机制能够自动保证各种资源的配置达到帕累托最优状态，即意味着市场价格机制的运转是无成本的，或者说交易是不需要任何费用的。但既然价格机制如此完美，企业内部交易这种方式为何会存在？对于这一问题的思考，科斯（Coase, 1937）认为，市场和企业是两种可以相互替代的交易机制，在一些领域使用价格机制的成本（市场交易成本）非常高，为了降低交易成本，人们通过建立企业这种方式来规避使用价格机制的成本，这就是企业的本质。企业在内化市场交易的同时，也会产生额外的管理费用，当管理费用的增加与市场交易费用的节省相当时，企业的边界即确定下来了,即交易成本决定了企业的规模(Coase,1937)。

完整的交易成本理论由威廉姆森等人建立。威廉姆森(Williamson,1981)认为"交易成本是利用各种经济制度安排的成本",并从资产专用性、机会主义、有限理性、不确定性和交易频率等方面论证了交易成本产生的原因。张五常认为"凡是在一人世界不存在的费用,都是交易费用",即"只有社会才存在的费用"为交易费用,又因"凡有社会必有制度",因此又称其为制度费用(institution costs)①。

2. 交易成本的构成

科斯(Coase,1960)指出,"为了进行市场交易,有必要发现谁希望进行交易,有必要告诉人们交易的愿望和方式,以及通过讨价还价谈判来缔结契约,督促契约条款的严格履行等,这些工作常常是花费成本的。"因此,交易成本包括:为完成交易所必需的度量、界定和保障产权的费用;搜寻交易对象和交易价格的费用;讨价还价、订立合同的费用;督促契约条款严格履行的费用(Coase,1960)。

威廉姆森(Williamson,1981)进一步将交易费用总结为两部分:一是事先的交易费用,即:签订契约、规定交易双方的权利、责任等所花费的费用;二是事后的交易费用,即:签订契约后,为解决契约本身所存在的问题,从改变条款到退出契约所花费的费用。

3.2.2 信息不对称理论

1. 信息不对称的概念

信息不对称(asymmetric information)理论是经济学中一个具有极大开创性的重要理论,基于非完全有效性的资本市场理论,信息不对称提出后便成为经济学、金融学和企业财务学领域研究中的一个极其重要的假设条件。信息不对称是由美国经济学家约瑟夫·斯蒂格利茨、乔治·

---

① 张五常. 经济解释[M]. 北京:中信出版社,2014:410-413.

阿克洛夫、迈克尔·斯彭斯在1970年提出的。这三位经济学家因对这一理论的杰出贡献而荣获2001年度诺贝尔经济学奖。信息不对称是指在市场经济条件下，市场的买卖主体不可能完全占有对方的信息，在社会政治、经济等活动中，一些成员拥有其他成员无法拥有的信息，由此造成信息的不对称①。在市场经济活动中，各类人员对有关信息的了解是有差异的；掌握信息比较充分的人员，往往处于比较有利的地位，而信息贫乏的人员，则处于比较不利的地位。这种信息不对称必定导致信息拥有方为谋取自身更大的利益而使另一方的利益受到损害。

2. 信息不对称的影响

不对称信息的交易中，其中掌握信息多、处于信息优势的一方称为代理人，掌握信息少、处于信息劣势的一方称为委托人，只要在签订合同前后，市场参与者双方掌握的信息不对称，这种经济关系都可以被认为属于委托—代理关系。构成委托—代理关系的基本条件是：第一，市场中存在两个相互独立的个体，且双方都是在约束条件下的效用最大化者，双方通过合同的方式确立彼此的关系和利益；第二，代理人和委托人都面临市场的不确定性和风险，且二者之间掌握的信息处于非对称状态。若非对称性发生在签约前，称为逆向选择；若签约后发生了非对称性，则属于道德风险。

（1）逆向选择（adverse selection）。在建立委托—代理关系之前，代理人已经掌握某些委托人不了解的信息，而这些信息有可能对委托人不利。代理人利用这些有可能对委托人不利的信息签订合同，使委托人处于信息劣势，委托人做出对自己不利的选择，即逆向选择。该现象由肯尼斯·约瑟夫·阿罗于1963年发表的《不确定性和医疗保健的福利经济学》一文中首次提出，指投保人与保险公司之间存在信息不对称，在同一保费下，就会更多地吸引高风险的人，导致"逆向选择"（Arrow, 2001）。阿克洛夫（George Akerlof, 1970）做了进一步阐述：若市场双方信息不对

---

① 张维迎. 博弈论与信息经济学 [M]. 上海：上海人民出版社, 2004: 397 – 398.

称,一方能够利用多于另一方的信息使自己受益而对方受损时,信息劣势的一方便难以顺利地做出买卖决策,于是价格便随之扭曲,并失去了平衡供求、促成交易的作用,进而导致市场效率的降低。

阿克洛夫(George Akerlof,1970)运用旧车市场的例子来说明信息不对称导致的逆向选择问题。在旧车市场上,卖者知道车的真实质量,而买者不知道,买卖双方之间存在信息不对称。对于买者而言,由于不了解旧车的真实质量,只知道车可能是高质量车或是低质量车,买到高质量车或低质量车的可能性各为50%,所以买者只愿出平均质量对应的中等价格。这样一来,那些高于中等价格的高质量旧车就可能会退出交易市场。由于高质量车退出交易市场,买者会继续降低出价,次高质量车会退出市场,产生劣质品驱逐优质品,最后的结果是市场上只有破烂车,极端的情况一辆车都不成交。现实的情况是,社会成交量小于实际均衡量。此外,逆向选择现象大量出现在保险市场、劳动力市场、信贷市场等服务市场。

(2)道德风险问题(moral hazard)。道德风险的概念起源于海上保险,1963年美国数理经济学家阿罗将此概念引入经济学中,在一篇研究医疗保险问题的论文中分析了道德风险带来的问题:在有第三方保险的情况下,投保人就会减少预防措施,导致就医增加(Arrow,2001)。更一般地,道德风险通常是指交易双方在交易协定签订后,其中信息优势方利用信息优势,有目的地损害另一方的利益来增加自身利益的行为,或者不完全承担风险后果时所采取的使自身效用最大化的自私行为。比如在保险市场中,当保险合同已经签订后,投保人可能会疏于防范,使偶然事件发生的可能性上升,从而损害了保险公司的利益。

3. 应对信息不对称的对策

(1)应对逆向选择问题的对策。针对逆向选择问题,可以由市场信号来解决。当存在信息不对称情况时,信息优势方的信息难以被信息劣势方完全了解,信息优势方首先发出证明自己的商品或服务是高质量的信号,供信息劣势方识别,这是信号传递模型(Spence,2002)。比如劳动力市场中的教育文凭即劳动力供给方发出的证明自己能力的信号。另一种情况是在信息不对称的情况下，信息劣势方给出某种信号以诱使信息优势方披露信息，使劣势方能够甄别不同类型的优势方。比如劳动力市场中，雇主可以提供不同工资和贡献的劳动合同供雇员选择。

（2）应对道德风险的对策。如果代理人对自己的行动或能力拥有私人信息，委托人希望代理人按照委托人的利益行动，但委托人不能直接观测到代理人的行为，只能观测到一些变量，这些变量由代理人的行动和其他外生的随机因素共同决策，只是代理人行动的不完全信息。那么，代理人会选择最大化自己效用水平的行动，有可能偏离委托人目标函数而委托人难以观察和监督，从而出现代理人不总是为了委托人的最大利益而行事，损害委托人利益的现象。委托人的问题是如何根据这些观测到的信息来奖惩代理人，以激励其选择对委托人最有利的行动。激励就是委托人使代理人在选择与不选择委托人目标时，从自身效用最大化出发，自愿地或不得不选择与委托人目标一致的行动。

具体到风险投资，其中存在双重代理关系：第一重委托—代理关系存在于投资人与风险投资家之间，投资人将资金交给风险投资家进行投资管理，风险投资家比投资人掌握更多投资交易相关的信息，所以，投资人是委托方，风险投资家是代理方；第二重委托—代理关系存在于风险投资家与创业企业家之间，风险投资家将资金交给创业企业家进行企业运营管理，创业企业家比风险投资家更了解企业实际状况，相应地，风险投资家是委托方，创业企业家是代理方。投资人与风险投资家之间的委托—代理问题主要通过筹资协议条款来解决，通过投资人和普通合伙人的不同权利和责任以及将投资收益的一定比例给予风险投资家，从而对风险投资家形成激励。同时，这也是风险投资机构采用有限合伙制的优势，采用有限合伙制的情况下，作为委托方的投资人只承担有限责任。风险投资家与创业企业家之间的委托—代理问题除依赖投资契约外，风险投资家还希望通过监督参与创业企业管理。本书研究中涉及的是风险投资家与创业企业家的委托—代理关系。

3.2.3 社会互动理论

1. 社会互动的概念

社会互动是指在一定的社会关系背景下，人与人、人与群体、群体与群体等在心理、行为上相互影响、相互作用的动态过程。

构成社会互动，应该具备的要素：一是应有两方以上主体，主体可以是个人也可以是群体；二是主体之间有某种接触，这种接触可以是语言的，也可以是非语言的；三是信息传播是社会互动的基础，信息传播对互动双方的关系、行为会产生一定作用。

2. 基于社会互动理论的同群效应研究

关于同群效应的实证研究多见于教育学和社会学，比如发现学生成绩的同群效应（Bruce，2001；Burke & Sass，2013）、犯罪行为的同群效应（Glaeser et al.，1996）。近年来，经济学、管理学领域也出现对同群效应的关注，并开展了一系列的实证研究。曼斯基（Manski，1993）开展了对社会互动的经济分析，他将同群效应定义为"同群效应是指某一个体的行为或特征会受到来自该个体参照组内的其他个体（即同群）行为或特征的影响"，"同群效应"能够体现个体之间决策的相互影响的一种内生的社会互动（Manski，2004）。利里和罗伯特（Leary & Roberts，2014）研究了公司资本结构决策的同群效应。格伦南（Grennan，2019）研究发现了公司分红政策的同群效应。迪莫克等（Dimmock et al.，2018）发现同事会影响财务顾问的失当行为的产生，如果财务顾问的新同事有不当行为的历史，则其不当行为的可能性会增加。

投资决策方面，无论是个人投资者还是机构投资者均受同群效应的影响，张安妮等（Zhang et al.，2018）发现家庭同伴效应和工作场所同伴效应对家庭资产配置决策起重要作用，奎门特和泰特（Quimet & Tate，2020）发现同事的投资选择对员工参与及交易决策有显著影响，且高信息员工的存在放大了同群效应的影响。波莫斯基（Pomorski，2006）研究了共同基金（mutual fund）投资组合决策中的同群效应，帕克等（Park et al.，2017）研究发现企业的投资决策存在同群效应，财务状态不佳的企业更依赖同行的投资决策。此外，学者们对于产生同群效应的原因及影响同群效应的因素进行了探索，利伯曼和阿萨巴（Lieberman & Asaba，2006）将模仿同群企业的原因分为两大类。一是基于信息的理论，即企业会跟随那些被认为拥有优越信息的领先企业；二是基于竞争的理论，即企业模仿同群企业以保持竞争平等性或限制竞争。有学者采用实验研究的设计对投资选择中的同群效应进行了研究，发现时间压力、信息内容会影响同群效应的强弱（Delfino et al.，2016）。

近年来，国内关于同群效应的研究迅速增长，研究对象既有个人层面、家庭层面，也有企业层面，还有政府层面。例如，王春超和钟锦鹏（2018）研究发现了学生干部同群效应对周边学生非认知能力的正向影响。王兵等（2017）通过微观调查数据研究发现大学生创业意愿显著受到同辈群体影响，同群效应主要通过榜样效应和知识溢出效应两种机制起作用。晏艳阳等（2018）发现社区内其他家庭的创业活动显著正向影响相应家庭的创业活动。邓慧慧和赵家羚（2018）研究发现地方政府在设立开发区的决策上会模仿跟随做出与"同群"类似的决定。

3.2.4　空间计量经济学

空间计量经济学是计量经济学的一个分支，传统计量经济学忽视了空间依赖性和空间异质性。空间依赖性是指空间观测单位之间的地理依赖或空间相关，空间异质性是指地理空间上的区域缺乏均质性，存在发达地区和落后地区、中心和外围地区等经济地理结构。根据托布勒地理学第一定律，"所有事物都与其他事物相关联，但较近的事物比较远的事物更关联"（Tobler，1970），即存在空间自相关性。处理空间自相关的对策之一是将空间自相关作为一个变量加入模型,使残差趋向白噪声[1]。空间计量经济学的出现,不仅彻底改变了传统经济学忽视经济活动对地理区位依赖的现状,而且全面颠覆了传统计量经济学观测个体相互独立的经典假设[2]。空间计量经济学模型的发展经历了基于横截面数据的模型、基于空间面板的静态模型和动态空间面板数据模型三个阶段[3]。

基于横截面数据的模型是空间计量模型的基本,一般化的空间计量模型是:

$$y = \rho wy + \alpha l_N + x\beta + wx\theta + \mu \quad (3.1a)$$

$$\mu = \lambda w\mu + \varepsilon \quad (3.1b)$$

当模型中的 $\theta = 0$ 且 $\lambda = 0$ 时,一般的嵌套空间模型退化为空间自回归模型(SAR),该模型中包括了内生交互效应,即一个主体的被解释变量的取值(y)取决于相邻主体的被解释变量的取值(wy)。

当模型中的 $\theta = 0$ 且 $\rho = 0$ 时,一般的嵌套空间模型退化为空间误差模型(SEM),该模型包含了误差项之间的交互效应,即误差项是空间相关的。

当模型中的 $\lambda = 0$ 时,一般的嵌套空间模型退化为空间杜宾模型(SDM),该模型同时包含了内生交互效应和外生交互效应,即模型中有 wy 项和 wx 项,即一个主体的被解释变量的取值(y)不仅取决于相邻主体的被解释变量的取值(wy),也取决于相邻主体的解释变量的取值(wx)。

当模型中的 $\theta = 0$,$\lambda = 0$,$\rho = 0$ 时,一般的嵌套空间模型就会退化为传统 OLS 模型。

---

[1] 王劲峰,廖一兰,刘鑫. 空间数据分析教程[M]. 2版. 北京:科学出版社,2019:31-32.
[2] 肖光恩,刘锦学,谭赛月明. 空间计量经济学——基于 MATLAB 的应用分析[M]. 北京:北京大学出版社,2018.
[3] 保罗·埃尔霍斯特. 空间计量经济学——从横截面数据到空间面板[M]. 肖先恩,译. 北京:中国人民大学出版社,2015.

3.2.5 增长理论

1. 新经济增长理论

索洛（Solow，1956）、斯旺（Swan，1956）对哈罗德—多马模型进行了修正，形成了新古典经济增长模型。该模型做出如下假设：第一，资本和劳动之间存在替代关系；第二，产出的增长由资本和劳动共同决定，且资本与劳动的边际生产力递减；第三，市场是完全竞争的，价格机制起主要作用；第四，不存在技术进步，或技术进步属于哈罗德中性技术，其变化不影响资本—产出比，因而规模收益不变。

$$Y = f(K, L) \tag{3.2}$$

式（3.2）中，Y 为产出，K 为资本，L 为劳动力。

对式（3.2）进行增量的考虑，则变形为：

$$\frac{\Delta Y}{Y} = \frac{K \times MP_K}{Y} \times \frac{\Delta K}{K} + \frac{L \times MP_L}{Y} \times \frac{\Delta L}{L} \tag{3.3}$$

式（3.3）为索洛—斯旺的经济增长模型，表明经济增长是由资本和劳动的增长率及边际生产力决定的。

之后，索洛和米德在索洛—斯旺经济增长模型中引入技术进步和时间因素，建立了索洛—米德经济增长模型，模型表明，经济增长取决于资本和劳动的增长率、资本和劳动各自相对收入的份额、随时间变化的技术进步[①]。

2. 内生增长理论

罗默（Romer，1986）将知识作为独立的要素引入生产函数，建立了知识溢出的内生增长模型，认为生产要素应包括资本、非技术劳动、人力资本和新思想，这四个要素中以新思想即特殊的知识最为重要，是

---

① 罗伯特·M. 索洛等. 经济增长理论分析[M]. 史清琪，等译. 北京：商务印书馆，1991：1-19.

经济增长的主要因素。

卢卡斯（Lucas，1988）强调人力资本的外部性，视其为经济长期持续增长的原因。卢卡斯的经济增长理论将人力资本作为一个独立的因素引入索洛模型，视其为索洛模型中"技术进步"的另一种增长动力形式，将人力资本积累作为经济长期增长的决定性因素，并使之内生化、具体化为个人的、专业化的人力资本，认为只有这种特殊的专业化人力资本积累才是增长的真正源泉。

3. 均衡增长理论与非均衡增长理论

均衡增长理论的基本命题是：由于不发达地区存在着生产与消费的低水平均衡状态，这些地区的经济要增长，就必须打破这种均衡状态，使整个区域的经济同时得到增长。讷克斯在《不发达国家的资本形成问题》一书中提出了贫穷的恶性循环理论，他认为，发展中国家资本供给和资本需求同时存在两个恶性循环：资本供给方面，存在"收入水平低—储蓄能力小—资本缺乏—生产率低—收入水平低"的恶性循环；资本需求方面，存在"购买力小—对投资的引诱低—生产中使用资本量少—生产率低—收入水平低—购买力小"的恶性循环。恶性循环的根源在于资本的不足，而外来资本的缺乏在于本地区缺少有效需求，打破这种低水平循环的主要办法是造就这种需求，通过增加投资，扩大市场，从而增加人均收入，产生投资刺激，促进经济增长[1]。均衡增长并不是指所有部门都按照统一的比例、在所有地区按一个速度增长，均衡增长的中心在于区域内的产业应尽可能完备，使产业间能够相互形成需求，从而获得内生的增长愿望[2]。

非均衡增长理论主张首先发展某一类或某几类有带动作用的部门，通过这几类部门的发展，带动其他部门的发展。美国发展经济学家赫希曼在《经济发展战略》一书中指出，不发达地区的发展战略就是选择若干战略部门进行投资，创造发展机会。他认为，核心地区的增长动力主要来源于

---

[1] 讷克斯. 不发达国家的资本形成问题 [M]. 谨斋，译. 北京：商务印书馆，1966.
[2] 孙久文，叶裕民. 区域经济学教程 [M]. 3版. 北京：中国人民大学出版社，2020：48.

集聚经济，但核心区的集聚不可能无限地进行下去，极化效应会扩大部门间、城乡间的差距，涓滴效应则有利于缩小部门间、城乡间的差距①。

3.3 本书的理论框架

风险投资的空间特性包括创业企业与风险投资的空间共生、风险投资的空间集聚和风险投资的本地偏好。

（1）风险投资机构将资金投资于新创立的、具有发展潜力同时也具有高度不确定性的高新技术企业，并通过参与管理促使创业企业迅速成长，进而可以收回投资并获利。风险投资机构与创业企业之间存在高度信息不对称，为了减少信息不对称带来的问题，风险投资机构要开展投资前筛选活动和投资后监督活动。同时，为了促进创业企业成长，风险投资机构还会向受资企业提供其他的增值活动。筛选、监督增值活动会带来相应的交易成本。交易成本的高低与风险投资机构与创业企业之间的地理距离相关，地理邻近有助于降低交易成本。因此，创业企业与风险投资机构之间存在空间共生。

（2）通过对区位理论的梳理可以发现空间集聚受到经济学家的关注，采用区位基尼系数、泰尔指数、产业集中率等传统的度量产业集聚的指标以及空间计量经济学的 Moran's I 值来度量风险投资的空间集聚程度。根据区域金融和金融地理学的相关研究，政府对科技事业的支持、第三产业发达程度、区域人力资本和科技环境、交通基础设施等环境因素会影响风险投资的集聚。

（3）从风险投资的特点出发，以信息不对称理论、交易成本理论为基础进行分析，风险投资机构与创业企业之间的地理距离影响风险投资交易的达成。因此，风险投资机构在面临多个可供选择的创业企业时，即使

---

① 艾伯特·赫希曼. 经济发展战略 [M]. 曹征海，潘照东，译. 北京：经济科学出版社，1991.

若干创业企业之间不存在差异，风险投资机构仍倾向于选择地理距离较近的投资对象，即风险投资存在本地偏好。基于社会互动理论，风险投资机构之间相互学习、竞争，因此，风险投资机构的本地偏好存在同群效应。

根据空间计量经济学理论，空间观测单位之间存在空间相关，空间计量模型有助于空间依赖实证研究结果的获取，所以上述（1）~（3）三个问题的研究均基于空间计量模型来展开。

（4）风险投资的空间集聚、风险投资的本地偏好会影响区域风险投资资金的供给，同时，考虑到风险投资不仅向受资企业提供资金支持，同时也会监督受资企业开展增值活动。根据经济增长理论，风险投资的空间集聚、风险投资的本地偏好会影响区域经济增长。同时，区域经济增长也为风险投资的发展创造了外部条件。因此，采用面板向量自回归的方法探索风险投资的空间集聚、风险投资的本地偏好与区域经济增长之间的关系。

以上分析可用图3.2的理论框架来表示。图中两个虚线框分别表示风险投资的空间特性、空间特性与经济增长的关系研究。

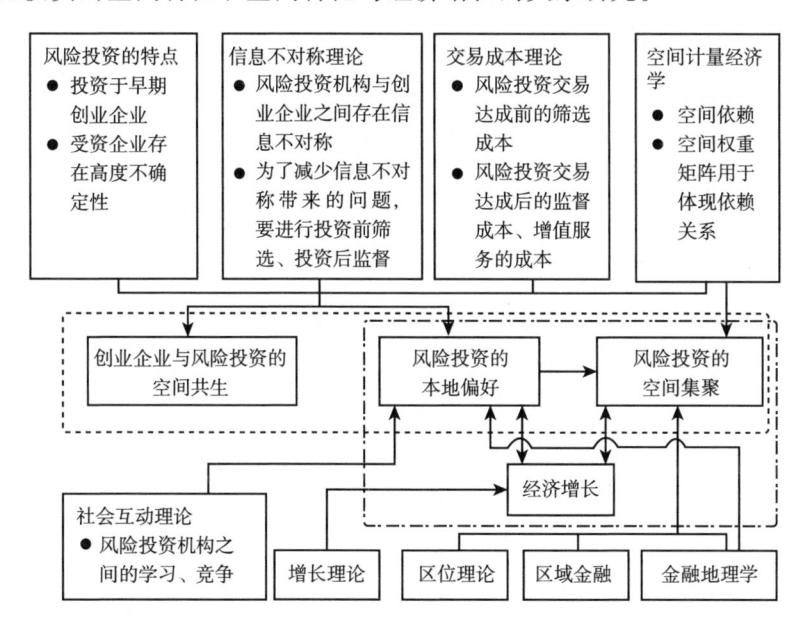

图 3.2　本书的理论框架

3.4　本章小结

本章首先对风险投资、空间特性、经济效应进行概念界定；然后，从概念、构成、影响等方面对交易成本理论、信息不对称理论、社会互动理论进行梳理；最后，对本书的理论框架进行了分析。考虑到风险投资的空间集聚以及风险投资机构之间可能会存在社会互动，所以对于风险投资空间特性的研究应该考虑空间依赖的影响，且空间计量经济学理论的发展有助于空间依赖实证研究结果的获取。本章从新经济增长理论、内生增长理论、均衡增长和非均衡增长理论对经济增长的理论进行了梳理，为研究空间特性与经济增长的关系奠定基础。

第 4 章

创业企业与风险资本的空间共生

4.1 理论分析与研究假设

国内外相关研究普遍认为，组织之间的地理邻近可以缩短人力、物资的运输时间，从而减少有形的交易成本；更重要的是，地理邻近可以提高组织间面对面交流的机会，在很大程度上促进了隐性知识的传播和外部网络的完善，以便从中获得更多有效的知识溢出。索伦森和斯图尔特（Sorenson & Stuart，2001）认为地理邻近有助于投资发生前的机会识别及评价，也有助于投资发生后对受资企业的监督及提供管理建议，在甄选投资对象阶段，地理邻近可以帮助风险投资机构花费更少的人力和财力以及时间成本获取信息，便于投资家与企业家之间面对面的沟通，在投资事件发生后，地理邻近又有助于减少监督成本和管理成本，便于开展增值活动。马丁等（Martin et al.，2005）以问卷调查的方式发现英国、德国的创业投资公司存在地理邻近，48%的英国风险投资机构和46%的德国创业投资公司认为靠近目标企业集聚的区域最重要。卢茨等（Lutz et al.，2013）以旅途时间来度量地理邻近，指出即使在德国交通基础设施完善，往来于各地非常方便，但风险投资者与目标企业的地理邻近仍很重要。祖克（Zook，2002）提出了硅谷"一小时"距离，弗洛达和肯尼（Florida & Kenney，1998）认为，在美国，主导投资者往往进行周边 150~250 英里范围的投资并向受资企业提供技术支持。有学者发现在英国平均旅途时间是 1.5 小时，而在美国则是 2 小时以上（Sapienza et al.，1996）。国内外研究结果表明，地理距离越远，风险投资交易达成的可能性越小（Lutz，2013），规模小、专注于早期阶段的风险投资机构其投资地域更窄，更倾向于近距离投资（Gupta & Sapienza，1992），风险投资机构存在本地偏好（Cumming & Dai，2010；王曦，党兴华，2013）。风险投资机构与创业企业之间存在信息不对称问题，且创业企业的生存和发展具有很多不确定性，使风险投资机构所面临的投资风险很高。为了尽可能把风险降到最低，风险投资机构在投资前会对创业企业进行调查和筛选；同时在投资后，会加大监督的力度，甚至派驻人员参与企业的管理，希望借助自身资源和管理经验来帮助创业企业在激烈的竞争中胜出。

如果一个创业企业附近有很多风险投资机构，则该企业获得本地风险投资的机会较大，尤其是当多个风险投资机构决定联合投资该企业时，可以缓解信息不对称的问题，最大限度地减小监督和管理成本（Manigart & Lockett，2006），使该企业获得更多的融资金额。同时，因为本地风险投资机构可以代为执行监督和提供增值服务，能够促进信息传播，从而扩展了交易的空间半径（Sorenson et al.，2001），相应地，也增加了外地风投机构投资于该企业的可能性。基于此，提出假设 H1。

H1：随着创业企业周围风险投资机构数量的增加，其风险资本融资金额也增加。

马歇尔最早指出产业聚集的三个原因：促进专业化投入和服务的发展；提供特定产业技能的劳动力市场；以及产生溢出效应[①]。此后，产

[①] 阿弗里德·马歇尔. 经济学原理 [M]. 廉运杰，译. 北京：华夏出版社，2005：226-233.

业集聚的原因及结果等相关主题备受关注,例如,学者们纷纷对积极的聚集外部性进行了实证研究(Rocha & Sternberg, 2005; Wallsten, 2001; Bönte, 2008)。创业企业和其他同行的集聚可以促进本地市场的发展,也带来社交网络的外部效应。社交网络的发展促进公司之间更加频繁的交流和交往,使得很多知识得到共享,创业企业合作的可能性增加。企业所掌握的显性知识和隐性知识是其竞争力的基础(Amin & Wilkinson, 1999),与显性知识相比,隐性知识是未被文本化或难以被文本化的信息,具有难以言明和模仿、不易被复制的特点。从知识溢出的角度来看,地理邻近能够促进频繁接触,有助于隐性知识的传递,增加创业企业获得知识溢出的机会。综上,创业企业可以获得知识溢出的收益,获得专业化的人力资源的投入以及同行密集地区社交网络带来的收益,这些收益可以使他们吸引更多的风险投资。因此,提出假设H2。

H2:随着附近同行数量的增加,创业企业的风险资本融资金额也增加。

4.2 数据与方法

4.2.1 样本选择及数据来源

信息技术(information technology, IT)产业是我国的支柱型产业,在我国经济产业结构优化升级过程中发挥了重要作用,信息产业对经济增长的贡献不断上升,是我国经济增长的重要源泉(王宏伟,2009)。与传统行业相比,IT行业存在"高科技、高投入、高风险、高收益"的特征,IT企业在生存发展过程中面临的突出问题是创业初期如何获得资金以及管理方面的帮助和支持。IT行业所具有的特点使其成为风险资本最青睐的投资行业,本章以获得风险投资的信息技术企业为样本。从投中集团 CVSource 数据库中搜集了 2000~2018 年中国 31 个省（自治区、直辖市）发生的 IT、互联网企业风险投资交易事件信息（未含港澳台地区的信息）。2000~2017 年的投资事件于 2018 年 1 月 12 日导出，2018 年的投资事件于 2019 年 6 月导出。将风险投资机构未知、企业所在地未知以及投资金额未知的事件进行剔除，得到 9964 次企业—机构—轮次级投资事件，其中涉及受资企业 4608 家，风险投资机构 2372 家。对融资金额以 2000 年为基准通过消费价格指数进行折算，剔除了价格变化的影响。企业所在地人均生产总值、人口、专利、固定资本形成额、固定资产价格指数等相关数据来自国家统计局官网。信息技术企业和风险投资机构所在城市的经纬度通过百度地图拾取。2018 年导出的一级行业 IT 及信息化包括：软件、硬件、IT 服务、半导体芯片、信息化服务、IT 及信息化其他。一级行业互联网包括：网络游戏、电子商务、社交社区、电子支付、移动互联网、大数据、共享经济、互联网其他。通过 CVSource 数据库检索发现，信息技术行业风险投资事件占全部投资事件的比例约 30%，这也说明以信息技术企业为样本具有代表性。

4.2.2　变量选择

1. 被解释变量

AMT：表示 IT 企业所获得的风险资本融资总金额，单位为百万美元，取自然对数。

2. 解释变量

$N\_of\_VC_{01}$：表示距离 IT 企业 100 千米（不包括）半径范围内风险投资机构的数量。类似的，$N\_of\_VC_{12}$，$N\_of\_VC_{23}$，$N\_of\_VC_{34}$ 分别描述距离 IT 企业 100（包括）~200 千米、200（包括）~300 千米和 300（包括）~400 千米半径范围内的风险投资机构的数量。借鉴科雷姆皮里斯等（Kolympiris et al.，2011）以每 10 英里作为划分界限对美国生物技术行业与风险资本的空间共生研究，以及孙建等学者（2011）以每 300

千米作为空间权重矩阵的拆分标准,同时考虑到风险投资的集聚情况,本书以 100 千米作为空间权重矩阵的拆分标准。变量度量时,首先根据 IT 企业、风险投资机构的经纬度用 Matlab 计算 IT 企业与风险投资机构之间的球面距离矩阵,该矩阵是一个 4608×2372 阶矩阵,用 D 来表示,D 中元素 d_{ij} 为 IT 企业 i 与风险投资机构 j 之间的球面距离,进而整理出距离 IT 企业各半径范围内风险投资机构的数量。根据假设 H1,这些变量的预期符号为正。这些解释变量的回归系数表示每增加一家风险投资机构所带来的 IT 企业融资水平的边际效应。

$N\_of\_IT_{01}$:表示距离 IT 企业 100 千米(不包括)半径范围内获得风险投资的同行数量。类似的,$N\_of\_IT_{12}$、$N\_of\_IT_{23}$、$N\_of\_IT_{34}$ 分别描述距离 IT 企业 100(包括)~200 千米、200(包括)~300 千米和 300(包括)~400 千米半径范围内的同行数量。根据 IT 企业所在城市经纬度,用 Matlab 计算 IT 企业两两之间的球面距离矩阵,该矩阵表现为对角线为 0 的 4608×4608 阶对称矩阵,进而整理出距离 IT 企业各半径范围内同行的数量。根据假设 H2,这些变量的预期符号为正。这些解释变量的回归系数表示每增加一家同行企业所带来的 IT 企业融资水平的边际效应。

3. 控制变量

(1)表示风投机构特征的控制变量。

VC_age:表示当融资事件发生时,风险投资机构的成立年头。若 IT 企业接受了多个风险投资机构的联合投资,计算多个成立年头的平均值;若 IT 企业获得多轮融资,分别计算在不同融资时间上风险投资机构的成立年头,取平均值。在数据处理过程中,发现有的风险投资事件达成的时间早于风险投资机构成立时间,针对这样的风险投资机构成立时间进行了处理,设定该风险投资机构所投资过的最早一笔风险投资事件达成的时间前一年为该风险投资机构的成立时间。这样设定的考虑是,风险投资机构成立后,需要形成内部的运营规范、对投资项目进行考察等一系列活动才会达成第一笔投资交易。成立年头久的风险投资机构往往投资经验更丰富，筹集到的管理资金规模较大，相应地，对创业企业的投资金额较大。

Fore：表示风险投资机构的资金来源是否含有外资成分，若资金来源中有外资成分，则该变量取 1，如果给该企业融资的风险投资机构中没有一家有外资来源，则该变量取 0。外资融资可视为一种远距离融资，外资风险投资机构管理的资金规模较大，往往涉及大额投资。

（2）表示 IT 企业所在地的特征的控制变量。

Per_GDP：表示每万人人均生产总值，该变量反映一个地区的经济发展水平，如果一个地区的人均生产总值很高，说明该城市或地区的经济环境较好，从而更有利于 IT 企业的发展和获得更多的融资。

Per_pate：表示每万人人均专利数，该变量反映一个地区的创新程度，当一个地区所申请受理并批准的专利数越多，其自主知识产权就越多，相对来说，其创新能力就越强，这对于高科技产业公司的发展有很大帮助，会影响企业的融资水平。

K：表示 IT 企业所在省份的物质资本存量。物质资本存量的估算借鉴了张军等（2004）的研究，以各省份的固定资本形成总额为当年投资额，并以固定资产投资价格指数（以 2000 年为基期）对各年的投资额进行平减，折算为不变价投资额，采用永续盘存法得到各年份的资本存量，其中折旧率采用张军等（2004）研究中的 9.6%。初始资本存量采用张军等（2004）估算得到的 2000 年物质资本存量，但张军等（2004）和单豪杰（2006）的研究中均未将四川与重庆的数据进行分离，本书用 2000~2017 年四川与重庆实际地区生产总值（2000 为基期）占两者之和的比例的算术平均数对张军等（2004）中的 2000 年四川的物质资本存量进行拆分，重庆占 32.29%，四川占 67.71%。虽然张军等（2004）和单豪杰（2008）的研究都认为，固定资本形成与资本形成的比例和资本形成与地区生产总值之间的比例其实在每一年都是不稳定的，但考虑到仅涉及四川和重庆，并进行了算术平均，所以这方法是简单可行的。此外，国家统计局官网中未公布西藏的固定资产投资

价格指数，所以借鉴张军等（2004）和单豪杰（2008）的研究中关于缺失数据的处理方法。张军等（2004）的研究中对于天津 1953～1988 年、广东 1952～1977 年、海南 1978～2000 年的固定资产投资价格指数分别用对应年份天津、广东、海南的商品零售价格指数进行了替代，广东省 1996～2000 年的固定资产投资价格指数用地理和经济水平接近的福建省的固定资产投资价格指数进行了代替；单豪杰（2008）的研究中利用了天津市区的 RPI 计算天津的固定资本形成的隐含平减指数，以靠近西藏且与西藏经济发展水平相似的新疆和青海的投资价格指数的算术平均值作为西藏的固定资本形成总额指数的替代指标。相应地，本书有两种选择，一种是用西藏的商品零售价格指数替代固定资产投资价格指数，另一种是用新疆和青海的固定资产投资价格指数的算术平均值作为替代指标，本书最终采用后者。最终得到 31 个省区市的 2000～2017 年的物质资本存量，对其均值取自然对数。

$Cent$：表示风险资本中心，我国风险资本集聚于北京、上海和深圳三地，样本中总部位于北京、上海和深圳的风险投资机构的投资事件占全部投资事件的比例高达 72.595%。若 IT 企业位于北京、上海或深圳，$Cent$ 取值为 1，否则取 0。该变量能够反应 IT 企业所在地的风险资本发展状况。

（3）表示 IT 企业特征的控制变量。

$Stage$：表示创业企业发展阶段。CVSource 数据库中对创业企业所处阶段划分为早期、发展期、扩张期和获利期，本书采用这一划分标准。处于早期阶段的创业企业的不确定性更大，所以风险投资金额可能会比较小，当创业企业比较成熟时，其所需风险投资资金也会比较小，因此，将风险投资交易达成时创业企业的发展阶段作为控制变量，同时，考虑到发展阶段与风险投资金额之间可能存在倒 U 型关系，所以将其二次项也纳入模型。

表 4.1 为所有变量的定义。

表 4.1　　变量的定义

变量名称	变量符号	变量定义
融资金额	AMT	IT 企业的风险资本融资额的自然对数
100 千米范围内同行的数量	$N\_of\_IT_{01}$	用 MATLAB 计算 IT 企业两两之间的球面距离矩阵,进而整理出距离 IT 企业 100 千米、100~200 千米、200~300 千米和 300~400 千米半径范围内同行的数量
100（含）~200 千米范围内同行的数量	$N\_of\_IT_{12}$	
200（含）~300 千米范围内同行的数量	$N\_of\_IT_{23}$	
300（含）~400 千米范围内同行的数量	$N\_of\_IT_{34}$	
100 千米范围内 VC 的数量	$N\_of\_VC_{01}$	用 MATLAB 计算 IT 企业与 VC 之间球面距离,进而整理出距离 IT 企业 100 千米、100~200 千米、200~300 千米和 300~400 千米半径范围内 VC 的数量
100（含）~200 千米范围内 VC 的数量	$N\_of\_VC_{12}$	
200（含）~300 千米范围内 VC 的数量	$N\_of\_VC_{23}$	
300（含）~400 千米范围内 VC 的数量	$N\_of\_VC_{34}$	
风险投资机构的平均成立年头	VC_age	联合投资的情况下,计算 VC 成立年头的平均值;若 IT 企业获得多轮融资,分别计算在不同融资时间上 VC 的成立年头,取平均值,将其取自然对数
外资参与	$Fore$	若风险投资机构的资金来源中有外资成分,该变量取 1,否则取 0
每万人人均生产总值	Per_GDP	信息技术企业所在地的每万人人均生产总值
每万人人均专利数	Per_pate	IT 企业所在地专利授权数量除以年末常住人口数（万人）
资本存量	K	创业企业所在省份的资本存量取对数
风险资本中心	$Cent$	若 IT 企业位于北京、上海或深圳,该变量取 1,否则取 0
发展阶段	$Stage$	风险投资交易达成时创业企业所处发展阶段,早期阶段 = 1,发展期 = 2,扩张期 = 3,获利期 = 4

4.2.3　数据分析方法

采用相关分析、空间计量模型等方法处理数据进行实证研究。所使用的分析软件为 Stata15.0 版和 MATLAB2019b 版，其中，Stata15.0 软件用于描述性统计、相关分析和 Moran's I 值的计算，MATLAB2019b 软件用于空间模型的估计。

4.3　实证检验与分析

4.3.1　因变量空间自相关的判断

Moran's I 指数是广泛运用的判断空间自相关的工具。Moran's I 指数取值的正负及大小反映了空间自相关的方向及大小。符号为正，说明存在空间正相关；符号为负，则说明存在空间负相关；Moran's I 指数绝对值越大，说明空间相关度越大。这一方法经常被用于判断空间自相关[①]。Moran's I 指数的计算方法如式（4.1）所示。

$$\text{Moran's I} = \frac{\sum_{i=1}^{n}\sum_{j=1}^{n}W_{ij}(Y_i - \overline{Y})(Y_j - \overline{Y})}{S^2 \sum_{i=1}^{n}\sum_{j=1}^{n}W_{ij}} \quad (4.1)$$

式中，$S^2 = \frac{1}{n}\left(\sum_{i=1}^{n}Y_i - \overline{Y}\right)^2$，$\overline{Y} = \frac{1}{n}\sum_{i=1}^{n}Y_i$。$W$ 为空间权重矩阵，W 是基于 400 千米半径来定义的，如果 IT 企业 i 与 j 之间的距离小于 400 千

---

① 肖光恩, 刘锦学, 谭赛月明. 空间计量经济学——基于 MATLAB 的应用分析 [M]. 北京：北京大学出版社, 2018.

米,则 W_{ij} 取 1,否则 W_{ij} 取 0。n 为 IT 企业个数,Y_i 和 Y_j 为 IT 企业 i 和 j 的风险资本融资金额。运用 Stata15.0 计算得到 Moran's I 值为 0.004,且在 1% 的水平下显著,表明 IT 企业风险资本融资额存在空间正相关。

4.3.2 模型构建

现有研究表明,我国 IT 产业属于高度空间集聚产业,IT 产业发展的不平衡性在逐渐加剧(王家庭、张俊韬,2011),集聚是我国 IT 产业重要的区位特征(许红、张春芳,2009)。考虑到 IT 产业空间集聚的特点,IT 企业的风险资本融资可能受到周围同行融资水平的影响。当被解释变量存在空间依赖、空间异质时,经典的计量经济学方法不再适用,而应采用空间计量经济模型的估计方法[①]。为了体现风险资本融资额存在外部效应,本书利用 SAR(spatial autoregression)模型对提出的假设进行实证检验,模型设定如下:

$$y = \rho W y + X\beta + \varepsilon \qquad (4.2)$$

式中,y 为因变量,X 为自变量,W 为 $n \times n$ 阶空间权重矩阵。ρ 为空间自相关系数,ρ 不等于 0,说明存在空间自相关效应。ε 是一个 $n \times 1$ 阶的误差向量。考虑到创业企业融资金额存在正向外部性,ρ 的预期符号为正。

考虑所有的解释变量和控制变量后,完整的 SAR 模型是:

$$\begin{aligned} AMT = &\rho WAMT + \beta_0 + \beta_{VC\_age} VC\_age + \beta_{Fore} Fore + \beta_{Per\_GDP} Per\_GDP \\ &+ \beta_{Per\_Pate} Per\_Pate + \beta_{Cent} Cent + \beta_k K + \beta_{Stag} Stag + \beta_{Stag^2} Stag^2 \\ &+ \beta_{N\_IT_{01}} N\_IT_{01} + \beta_{N\_IT_{12}} N\_IT_{12} + \beta_{N\_IT_{23}} N\_IT_{23} + \beta_{N\_IT_{34}} N\_IT_{34} \\ &+ \beta_{N\_VC_{01}} N\_VC_{01} + \beta_{N\_VC_{01}} N\_VC_{01} + \beta_{N\_VC_{12}} N\_VC_{12} \end{aligned}$$

[①] Anselin L. Spatial Econometrics: Methods and Models [M]. Dordrecht: Kluwer Academic Publishers, 1988: 1-15.

$$+\beta_{N\_VC_{23}}N\_VC_{23}+\beta_{N\_VC_{34}}N\_VC_{34} \tag{4.3}$$

4.3.3 变量描述性统计及相关系数

表 4.2 为变量的描述性统计及相关系数。表 4.2 中 AMT 的均值是 1.157，说明信息技术企业获得的投资金额平均为 2219.551 万美元。N_VC_{01}、N_VC_{12}、N_VC_{23}、N_VC_{34} 的均值分别为 448.413、76.735、101.023 和 15.643，说明距离 IT 企业 100 千米以内、100~200 千米、200~300 千米和 300~400 千米半径范围内的风险投资机构平均约为 448 家、77 家、101 家和 16 家。N_IT_{01}、N_IT_{12}、N_IT_{23}、N_IT_{34} 的均值分别为 1030.001、92.141、193.900、22.247，说明距离 IT 企业 100 千米以内、100~200 千米、200~300 千米和 300~400 千米半径范围内的同行企业数量平均约为 1030 家、92 家、194 家和 22 家。

控制变量中，VC_age 的均值是 1.680，说明风险投资事件发生时，风险投资机构的平均成立年头为 5 年多；$Fore$ 的均值为 0.375，说明 37.5% 的信息技术企业获得外资风险投资机构的融资。$Cent$ 的均值为 0.685，说明位于北京、上海和深圳的信息技术企业占全部样本企业数量的 68.5%。$Stag$ 的均值为 2.566，说明风险投资交易达成时，信息技术企业平均处于发展期与成熟期之间。

从表 4.2 中的 pearson 相关系数来看，N_VC_{01} 和 N_IT_{01} 均与 AMT 呈正相关，且均在 1% 的水平下显著。另外，距离 IT 企业 100 千米半径范围内风险投资机构数的变量 N_VC_{01} 与同行数量的变量 N_IT_{01} 相关系数为 0.915，且在 1% 的水平下显著，其他三个地理范围内的相应变量之间也存在类似的情况。为了避免共线性带来的影响，在接下来的极大似然估计（maximum likelihood estimate，MLE）中，将代表风险投资机构数的变量与同行数的变量分别代入模型。

表 4.2 变量描述性统计和相关性分析

变量	均值	标准差	AMT	N_VC_{01}	N_VC_{12}	N_VC_{23}	N_VC_{34}	N_IT_{01}	N_IT_{12}	N_IT_{23}	N_IT_{34}	VC_age	$Fore$	Per_GDP	Per_pate	$Cent$	K	$Stag$
AMT	1.157	1.826	1.000															
N_VC_{01}	448.413	224.647	0.050***	1.000														
N_VC_{12}	76.735	101.371	0.010	-0.245***	1.000													
N_VC_{23}	101.023	171.932	0.015	-0.380***	0.318***	1.000												
N_VC_{34}	15.643	53.702	-0.008	-0.273***	0.057***	0.200***	1.000											
N_IT_{01}	1030.001	634.414	0.047***	0.915***	-0.236***	-0.423***	-0.273***	1.000										
N_IT_{12}	92.141	221.182	-0.002	-0.276***	0.934***	0.085***	0.047***	-0.268***	1.000									
N_IT_{23}	193.900	328.425	0.014	-0.353***	0.288***	0.995***	0.206***	-0.413***	0.056***	1.000								
N_IT_{34}	22.247	96.024	-0.010	-0.257***	0.032***	0.130***	0.985***	-0.244***	0.032**	0.132***	1.000							
VC_age	1.680	0.682	0.263***	0.054***	0.005	-0.027*	-0.050***	0.049***	0.008	-0.029**	-0.046***	1.000						
$Fore$	0.375	0.484	0.406***	0.139***	-0.020	-0.032**	-0.047***	0.144***	-0.040***	-0.027*	-0.049***	0.446***	1.000					
Per_GDP	4.865	1.449	0.041***	0.825***	0.065***	-0.050***	-0.196***	0.823***	-0.056***	-0.020	-0.206***	0.042***	0.149***	1.000				
Per_pate	15.886	5.449	0.060***	0.700***	0.170***	0.135***	-0.210***	0.783***	-0.003	0.121***	-0.208***	0.046***	0.127***	0.834***	1.000			
$Cent$	0.685	0.465	0.024	0.863***	-0.309***	-0.350***	-0.214***	0.781***	-0.320***	-0.307***	-0.197***	0.049***	0.126***	0.763***	0.549***	1.000		
K	10.705	0.417	0.021	-0.237***	0.118***	0.255***	-0.026*	-0.444***	0.119***	0.233***	-0.051***	0.004	-0.069***	-0.440***	-0.217***	-0.314***	1.000	
$Stag$	2.566	2.029	0.547***	-0.008	0.012	-0.010	0.004	-0.005	0.017	-0.011	0.001	0.115***	0.224***	-0.018	-0.01	-0.017	0.026*	1.000

注:*** 为显著性水平 $p<0.010$,** 为显著性水平 $p<0.050$,* 为显著性水平 $p<0.100$。

4.3.4 回归结果及分析

表 4.3 为对 SAR 模型进行极大似然估计的结果。模型 1 中只将所有控制变量引入，模型 2 中将代表 IT 企业一定距离半径内的 VC 数量的变量引入模型，模型 3 中将代表 IT 企业一定距离半径内的同行数量的变量引入模型。

表 4.3　极大似然估计结果

项目	模型 1	模型 2	模型 3
常数	-2.415*** (-3.663)	-1.332*** (-1.535)	-2.610*** (-3.596)
N_VC_{01}		0.0008** (2.284)	
N_VC_{12}		0.0001 (0.225)	
N_VC_{23}		0.0005** (2.464)	
N_VC_{34}		0.0003 (0.797)	
N_IT_{01}			0.0003* (1.666)
N_IT_{12}			0.0001 (0.533)
N_IT_{23}			0.0003** (2.028)
N_IT_{34}			0.0002 (0.833)

续表

项目	模型1	模型2	模型3
VC_age	0.244*** (7.329)	0.247*** (7.409)	0.248*** (7.444)
$Fore$	0.886*** (18.192)	0.884*** (18.163)	0.883*** (18.136)
Per_GDP	-0.020 (-0.539)	-0.082 (-1.634)	-0.050 (-1.109)
Per_Pate	0.020*** (2.688)	0.013 (1.445)	-0.002 (-0.106)
$Cent$	-0.045 (-0.641)	-0.108 (-1.104)	-0.050 (-0.550)
K	0.090 (1.567)	0.001 (0.004)	0.119* (1.843)
$Stag$	0.765*** (34.238)	0.765*** (34.221)	0.765*** (34.216)
$Stag^2$	-0.029*** (-16.858)	-0.029*** (-16.846)	-0.029*** (-16.863)
ρ	0.027*** (9.073)	-0.035 (-0.139)	0.007*** (3.187)
R^2	0.428	0.430	0.429
σ^2	1.906	1.902	1.903
log-likelihood	-6427.687	-6423.015	-6424.282

注：*** 为显著性水平 $p < 0.010$，** 为显著性水平 $p < 0.050$，* 为显著性水平 $p < 0.100$，括号内数据为 t 值。

模型1和模型3中，ρ 的系数分别为0.027和0.007，且在1%的水平下显著，模型2中，ρ 的系数为 -0.035，但并不显著，说明信息技术企业融资水平存在空间自相关，即周围其他同行的风险资本融资水平正向影响信息技术企业的风险资本融资额，因此，采用空间自回归模型是恰当的。

模型 2 中，变量 N_VC_{01} 和 N_VC_{23} 对应的系数分别为 0.0008 和 0.0005，且在 5% 的水平下显著，说明 100 千米以内和 200~300 千米半径范围内的风险投资机构越多，IT 企业的融资水平越高。以 IT 企业 100 千米半径范围为例，其他条件不变的情况下，IT 企业 100 千米半径范围的风险投资机构每增加一家，IT 企业融资额将会是原融资额的 1.0008 倍。假设 H1 成立。

从 100 千米半径到 100~200 千米扩展时，风险投资机构数量的变化对融资水平的边际效应从 0.0008 降至 0.0001，且变得不再显著。从 200~300 千米半径范围扩展至 300~400 千米半径范围时也存在类似情况。这也验证了风险投资的地理邻近性，而且风险资本主要在 300 千米的范围内进行投资。这一结果与祖克（Zook，2002）提出的硅谷"一小时"距离、弗洛达和肯尼（Florida & Kenney，1998）指出的 150~250 英里范围以及萨彭扎等（Sapienza et al.，1996）发现的风投与创业企业平均旅途时间英国是 1.5 小时而美国是 2 小时基本一致。

模型 3 中，变量 N_IT_{01} 和 N_IT_{23} 对应的系数均为 0.0003，且分别在 10% 和 5% 的水平下显著，说明 100 千米以内、200~300 千米半径范围内的同行越多，IT 互联网企业的融资金额越高。以 IT 企业周围 100 千米半径范围为例，其他条件不变的情况下，距离 IT 企业 100 千米半径范围内的同行数量每增加一家，IT 企业融资额将是原融资额的 1.0003 倍。假设 H2 成立。

类似的，在 100 千米半径到 100~200 千米以及从 200~300 千米半径范围扩展至 300~400 千米半径范围时，同行数量的变化对融资水平的边际效应也存在递减。从 100 千米半径到 100~200 千米扩展时，同行数量的变化对融资水平的边际效应从 0.0003 降至 0.0001，且变得不再显著。从 200~300 千米半径范围扩展至 300~400 千米半径范围时，同行数量的变化对融资水平的边际效应从 0.0003 降至 0.0002，也变得不再显著。

4.4 研究结果讨论

基于中国信息技术企业的融资事件为样本，以信息技术企业获得的风险资本融资金额作为被解释变量，以一定半径范围内的风险投资机构数量、同行企业数量作为解释变量，笔者运用空间滞后模型考察了信息技术企业一定半径范围内同行企业数量和风险投资机构数量如何影响其风险资本融资额。研究结果与科雷姆皮里斯等（Kolympiris et al.，2011）对美国生物技术行业与风险资本空间共生的研究结果基本一致。研究得出以下结论：

（1）信息技术企业与风险投资机构在300千米范围内的空间共生现象最明显，信息技术企业附近100千米以内和200~300千米两个范围圈内的风险投资机构增加均使其风险资本融资水平显著增加。

（2）信息技术企业100千米以内、200~300千米范围圈内的同行数量增加均使其风险资本融资水平显著增加，说明信息技术企业之间同样存在空间共生。

（3）Moran's I值以及空间滞后模型的估计结果说明信息技术企业附近同行的融资水平也正向影响其融资金额。

对于致力于通过发展信息技术产业来实现经济转型的一些地方政府来讲，考虑到风险投资的地理邻近，在发展IT产业的同时也应该扶持本地风险投资业的发展，从而促进本地信息技术企业获得风险资本融资。另外，地方政府在发展本地风险投资的同时，也要向周边地区的风险投资机构"借力"。比如通过搭建一系列平台，增进200~300千米范围内邻近区域的风险投资机构与本地IT企业之间的沟通与了解。同时，在税收、待遇等方面，邻近区域的地方政府之间应该加强合作，避免为了争夺风险投资机构落户而恶性竞争。

对于试图获得风险资本投资的IT产业新进入者来讲，建议在距离风险投资机构密集的城市 300 千米半径范围内选址，这样有利于其获得较大的风险资本融资。同时，信息技术企业在选址时要在产业集聚区域设址，这样不仅可以获得产业集聚带来的知识溢出，而且可以获得更高金额的风险投资支持。

4.5　本章小结

基于交易成本理论、信息不对称理论和产业集聚理论，结合现有研究结果，本章提出信息技术企业一定半径范围内风险投资机构数量的增加、同行企业数量的增加会使其风险资本融资额增大的假设，并以获得风险投资的信息技术企业为样本，采用空间滞后模型对研究假设进行实证检验。研究结果表明，信息技术企业 100 千米半径范围内、200~300 千米半径范围内风险投资机构数量和 IT 企业数量的增加均会使信息技术企业的风险资本融资金额增加，说明信息技术企业与风险投资机构之间存在空间共生，信息技术企业之间存在空间共生。

第 5 章

我国风险投资空间集聚的时空变化

5.1 我国风险投资的空间分布

5.1.1 投资事件数和投资金额的空间分布

Wind 数据库中统计了我国各个城市及省份历年的风险投资金额,本书对从 Wind 数据库导出的投资事件及投资金额的空间分布进行整理,得到 2000~2018 年我国 31 个省区市风险投资事件数及投资金额的空间分布情况。台湾、香港、澳门的数据存在缺失,因此本书没有将这些地区纳入空间分析的范畴。

表 5.1 为 2000~2018 年我国 31 个省区市总的风险投资事件数及投资金额的空间分布情况。

从表 5.1 中可以看出,从地区来看,风险资本主要投资于华北地区、华东地区和中南地区,三个地区的风险投资金额之和、投资事件数之和所占比例分别为 94.929% 和 93.191%。同时,北京、上海和广东又分别是三个地区中风险投资最为集中的省市,三个省市的投资金额之和占全部投资金额的比例达71.008%,投资事件数之和占全部投资事件数的比例为66.525%。其次,投资金额占比、投资事件数占比比较高的是浙江和江苏,投资金额占比分别为9.191%和6.052%,投资事件占比分别为8.412%和6.634%。

表5.1 2000~2018年我国31个省区市总的风险投资事件数及投资金额的空间分布

地区	投资金额(亿元)	投资事件数(次)	投资金额占比(%)	投资事件数占比(%)
华东地区	13132.331	11392	34.061	38.423
江西	158.626	135	0.411	0.455
江苏	2333.550	1967	6.052	6.634
安徽	238.327	312	0.618	1.052
福建	367.530	625	0.953	2.108
浙江	3543.697	2494	9.191	8.412
上海	5968.840	5340	15.481	18.011
山东	521.762	519	1.353	1.750
西北地区	583.410	471	1.513	1.589
宁夏	78.436	35	0.203	0.118
甘肃	43.783	34	0.114	0.115
陕西	269.720	282	0.700	0.951
青海	27.451	15	0.071	0.051
新疆	164.021	105	0.425	0.354
中南地区	5460.150	5914	14.162	19.947
湖北	359.616	537	0.933	1.811
广东	4307.410	4652	11.172	15.690
海南	216.191	98	0.561	0.331
河南	209.070	203	0.542	0.685
广西	102.335	70	0.265	0.236
湖南	265.528	354	0.689	1.194

续表

地区	投资金额（亿元）	投资事件数（次）	投资金额占比（%）	投资事件数占比（%）
西南地区	959.110	1208	2.488	4.074
贵州	78.241	93	0.203	0.314
云南	58.615	68	0.152	0.229
四川	509.458	781	1.321	2.634
西藏	29.901	23	0.078	0.078
重庆	282.896	243	0.734	0.820
东北地区	413.047	340	1.071	1.147
黑龙江	107.510	78	0.279	0.263
吉林	72.001	74	0.187	0.250
辽宁	233.536	188	0.606	0.634
华北地区	18007.650	10324	46.706	34.821
山西	119.950	46	0.311	0.155
内蒙古	127.210	56	0.330	0.189
天津	425.906	350	1.105	1.180
河北	233.354	140	0.605	0.472
北京	17101.230	9732	44.355	32.824

表 5.2 为 2000~2018 年部分省份分年份的投资金额和投资事件数占比情况。

表5.2 2000~2018年部分省份分年份的投资金额和投资事件数占比　　单位:%

省份	2000年		2005年		2010年		2015年		2018年	
	金额占比	事件数占比	金额占比	事件数占比	金额占比	事件数占比	金额占比	事件数占比	金额占比	事件数占比
北京	44.73	34.36	72.94	33.81	32.17	23.73	37.29	35.55	37.47	33.26
上海	11.88	12.27	14.87	27.05	7.61	10.61	20.16	18.96	17.34	18.92
广东	17.18	17.79	2.63	7.47	7.39	14.34	14.83	16.00	11.57	17.44
浙江	6.39	5.52	1.50	4.98	6.30	8.32	12.75	8.52	14.71	10.05
江苏	5.27	6.75	0.89	8.19	7.10	9.96	4.70	5.82	7.88	6.06

续表

省份	2000 年		2005 年		2010 年		2015 年		2018 年	
	金额占比	事件数占比	金额占比	事件数占比	金额占比	事件数占比	金额占比	事件数占比	金额占比	事件数占比
四川	5.44	1.23	0.24	3.20	2.46	2.87	0.82	3.41	1.47	2.32
河北	0.00	0.00	0.00	0.00	1.58	0.79	0.08	0.31	1.42	0.32
山东	0.17	3.07	1.60	4.98	4.17	3.37	0.56	1.07	1.30	1.12
陕西	0.93	3.07	0.03	0.71	2.13	1.72	0.59	0.92	1.22	0.81
湖北	0.77	3.07	1.03	1.78	2.64	2.44	0.50	1.68	1.02	1.91
其他	7.25	12.88	4.28	7.83	26.45	21.86	7.73	7.76	4.61	7.81

从表5.2可知：

（1）无论从投资金额还是投资事件数来看，北京、上海和广东一直是风险投资发达的省市。2005年，三个省市的投资金额占全部金额的比例高达90.44%；2010年，三个省市的投资金额占全部金额的比例较低，也达到了47.17%。

（2）江苏和浙江是风险投资比较发达的地区，投资金额和事件数占比都呈上升趋势。两个省份风险资本投资金额占比从2000年的11.66%上升到2018年的22.59%。

（3）2015年，北京、上海和广东的风险投资金额占比和投资事件数占比均出现再度上升，分别达到72.28%和70.51%。此外，2018年浙江省的风险投资金额占比略高于广东省。

表5.2表明，从投资金额和投资事件所占比例来看，北京、上海和广东是我国的风险投资地理集中的省份；从时间推移来看，初步判断风险投资的空间集中程度出现"高—低—高"的V型态势。

5.1.2 风险投资机构和受资企业的空间分布

本书从投中集团的CVSource数据库中收集了2000~2018年中国31

个省区市的风险投资交易事件信息。2000~2017年的投资事件于2018年1月12日导出，2018年的投资事件于2019年6月导出。初步搜集到的原始投资事件为48895次。对于创业企业位于海外或我国港澳台地区或未知的投资事件进行剔除，共剔除2932次。在一轮投资中，若多家风险投资机构对一家创业企业进行了联合投资，则将这一投资事件拆分为多次，即一个机构对应一个企业。经过拆分后得到"机构—企业—轮次"的风险投资事件52210次，进一步剔除总部位于国外、中国台湾、中国香港、中国澳门或机构总部未知的风险投资机构对中国大陆创业企业的14275次投资事件，得到37935次"机构—企业—轮次"的风险投资事件。

对上述风险投资事件中风险投资机构总部所在地进行统计，考虑到深圳市的风险投资机构较多，所以将其单列出来，统计结果如表5.3所示。从表5.3可知，总部位于北京、上海和深圳的风险投资机构的投资事件占全部投资事件的比例高达72.595%。浙江、江苏、天津和广东（不含深圳）的风险投资机构的投资事件占全部投资事件的比例为18.212%。

表5.3　　　　2000~2018年投资事件中风险投资机构总部分布

风投机构总部所在地	事件数（次）	比例（%）	风投机构总部所在地	事件数（次）	比例（%）
北京	13545	35.706	新疆	140	0.369
上海	8068	21.268	山西	119	0.314
深圳	5926	15.621	江西	100	0.264
浙江	2652	6.991	河南	97	0.256
江苏	2101	5.538	黑龙江	71	0.187
天津	1156	3.047	河北	63	0.166
广东（不含深圳）	1000	2.636	云南	55	0.145
山东	394	1.039	辽宁	46	0.121
湖北	393	1.036	广西	42	0.111
福建	384	1.012	吉林	30	0.079

续表

风投机构总部所在地	事件数（次）	比例（%）	风投机构总部所在地	事件数（次）	比例（%）
湖南	287	0.757	贵州	27	0.071
四川	252	0.664	海南	26	0.069
西藏	244	0.643	内蒙古	14	0.037
陕西	244	0.643	宁夏	13	0.034
安徽	227	0.598	甘肃	13	0.034
重庆	200	0.527	青海	6	0.016

表5.4是对2000~2018年达成的风险投资事件中受资企业所在地的统计，从表中可以看出，受资企业位于北京、上海和深圳市的投资事件占全部投资事件的半数以上（58.036%）。受资企业位于浙江、江苏和广东（不含深圳）的投资事件占比为21.885%，与表5.3中风险投资机构的分布相比，受资企业位于北京、上海和深圳的比例较小，位于江苏、浙江、广东（不包含深圳）等省份的受资企业比例高于相应的风险投资机构比例，粗略说明受资企业的分布比风险投资机构的分布更分散一些。另外，位于天津的投资机构达成的投资事件数比例排第六位，受资企业位于天津的投资事件比例排在第十四位。

表5.4　2000~2018年投资事件中受资企业所在地的分布

受资企业所在地	事件数（次）	比例（%）	受资企业所在地	事件数（次）	比例（%）
北京	11795	31.093	辽宁	230	0.606
上海	6386	16.834	河北	209	0.551
深圳	3835	10.109	江西	172	0.453
浙江	3277	8.638	新疆	150	0.395
江苏	2911	7.674	海南	131	0.345
广东（不包含深圳）	2114	5.573	云南	129	0.340
四川	856	2.256	吉林	128	0.337

续表

受资企业所在地	事件数（次）	比例（%）	受资企业所在地	事件数（次）	比例（%）
山东	850	2.241	黑龙江	119	0.314
湖北	823	2.170	贵州	118	0.311
福建	696	1.835	内蒙古	97	0.256
湖南	557	1.468	广西	78	0.206
安徽	498	1.313	山西	75	0.198
陕西	449	1.184	甘肃	68	0.179
天津	408	1.076	宁夏	45	0.119
河南	381	1.004	青海	35	0.092
重庆	293	0.772	西藏	22	0.058

5.2 我国风险投资的空间集聚程度

针对快速发展的中国风险投资市场，风险投资空间集聚程度发生何种变化是有待回答的问题，但现有研究中不同学者采用了不同的研究方法，无法通过对现有研究的比较来发现风险投资空间集聚程度的变化规律。本节将采用基尼系数、泰尔指数、产业集中率等传统的度量集聚的指标和检验空间自相关的 Moran's I 指数来考察 2000~2018 年风险投资的空间集聚及其演变。

5.2.1 总体上的地理集中度

1. 区位基尼系数

区位基尼系数可以衡量经济活动在地理空间上分布的不均衡程度，张帆（2016）采用这一指标度量了中国金融产业的集聚程度，姚昕等

(2017)用该系数来反映城市空间集聚水平。本书采用基尼系数来反映风险投资在省级层面的集聚程度，具体计算方法如式（5.1）所示。其中，x_i 表示 i 省份风险投资的相关数据。当 x_i 取 i 省份的风险投资额占全国风险投资额的比重时，计算得到各省份的绝对基尼系数；当 x_i 取 i 省份的风险投资额占全国风险投资额的比重除以 i 省份的地区生产总值占全国 GDP 的比重时，计算得到各省份的相对基尼系数。该系数的取值在 0~1 之间，系数越大说明风险投资地理集中程度越高，数值越小表明风险投资业地理分布越趋于分散。

$$Gini = \frac{1}{2n^2\bar{x}} \sum_{i=1}^{n} \sum_{j=1}^{n} |x_i - x_j| \qquad (5.1)$$

式（5.1）中，$\bar{x} = \frac{1}{n}\sum_{i=1}^{n} x_i$。

2. 泰尔指数

泰尔指数计算如式（5.2）所示，泰尔指数的取值大于等于 0，取值越小，区域间差异越小。当各个省份的投资金额都等于总投资金额的平均值时，对数项取值为 0，相应地，泰尔指数等于 0。

$$T = \frac{1}{n}\sum_{i=1}^{n} \frac{x_i}{\bar{x}} \log\left(\frac{x_i}{\bar{x}}\right) \qquad (5.2)$$

式（5.2）中，x_i 指 i 省份的投资金额，$\bar{x}$ 是投资金额的算术平均值。考虑到研究初期有的省份的投资金额为 0，所以将式（5.2）变形为式（5.3）的形式。

$$T = \frac{1}{n}\sum_{i=1}^{n} \frac{x_i}{\bar{x}} \log\left(\frac{x_i}{\bar{x}} + 0.001\right) \qquad (5.3)$$

3. 产业集中率（CR_n）

吴三忙等（2010）采用这一指标计算了制造业的空间集聚度。产业集中率表示风险投资金额最大的前几位省份的合计占全国该风险投资金额的比重。CR_n 的取值在 0~1 之间，取值越大，表示风险投资业越集中。结合表 5.1～表 5.4 所显示的从投资金额、投资事件数、风险投资机构总部、受资企业总部集中于北京、上海和广东，本书计算了风险投资金额排名前 3 位的省份的投资金额占全部投资金额的比重 CR_3。

表 5.5 和图 5.1 分别为计算得到的各指标的取值及演变。表 5.5 中的绝对基尼系数均大于 0.6，2005 年的绝对基尼系数高达 0.918，相对基尼系数的最大值是 2005 年的 0.923，最小值是 2010 年的 0.564。泰尔指数均大于 0.3，2005 年的泰尔指数最大，2007～2008 年和 2010～2012 年的泰尔指数较小，其余年份的泰尔指数都较大。从 CR_3 来看，风险投资的集中程度较高，2000～2018 年间共有 11 个年份的 CR_3 在 0.7 以上，2005 年更达到 0.904，集中程度最弱的 2010 年也达到了 0.472。上述指标的取值说明中国风险投资的区域间差异较大，风险投资的空间集聚程度高。

表 5.5　2000～2018 年风险投资空间集聚各衡量指标的取值

年份	绝对基尼系数	相对基尼系数	泰尔指数	CR_3
2000	0.852	0.850	0.714	0.738
2001	0.859	0.861	0.754	0.775
2002	0.847	0.846	0.711	0.739
2003	0.867	0.860	0.792	0.791
2004	0.786	0.748	0.555	0.602
2005	0.918	0.923	1.039	0.904
2006	0.863	0.833	0.784	0.850
2007	0.684	0.741	0.397	0.567
2008	0.632	0.591	0.353	0.516
2009	0.831	0.797	0.833	0.777
2010	0.644	0.564	0.365	0.472
2011	0.673	0.653	0.380	0.527
2012	0.714	0.658	0.434	0.553

续表

年份	绝对基尼系数	相对基尼系数	泰尔指数	CR_3
2013	0.747	0.685	0.506	0.673
2014	0.834	0.831	0.690	0.752
2015	0.838	0.829	0.679	0.723
2016	0.845	0.824	0.713	0.705
2017	0.898	0.896	0.928	0.870
2018	0.826	0.810	0.652	0.695

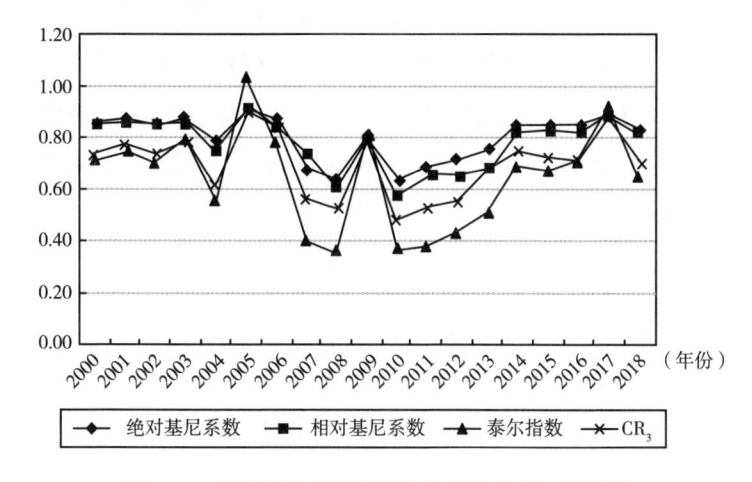

图 5.1　风险投资空间集聚各衡量指标的时序演变

从图 5.1 中各指标的变化趋势来看，2000~2018 年的绝对基尼系数的变化呈现出下降后上升的趋势，相对基尼系数也呈现类似的波动趋势。从变化趋势来看，2000~2003 年各指标都较平稳且处于高位，2004~2010 年大幅波动且处于下降趋势，2011~2017 年稳定增长并于 2017 年达到近年的极大值，2018 年再次出现下降，各指标的两个极小值出现在 2008 年和 2010 年，两个极大值出现在 2005 年和 2017 年。总体上，我国风险投资的空间集聚水平呈现出"高—低—高"的变化。

以上指标虽然描述了风险投资在各个省份间分布的不均衡程度，但并未考虑省份间的空间效应，根据空间经济学理论，几乎所有的空间数据都具有空间自相关性的特征[①]。接下来，基于空间经济学的方法来计算全局 Moran's I 指数。

4. 全局 Moran's I 指数

全局 Moran's I 指数主要是从整体上揭示风险投资空间布局的集聚情况，说明风险投资是否存在空间自相关。Moran's I 指数的取值范围为 $-1\sim1$，绝对值越大，说明省区市间风险投资的关联程度和空间自相关性越高。Moran's I 指数的取值为正，表示风险投资的空间布局具有正向空间自相关性，观测属性呈集聚的空间格局，即风险投资在相邻省份（地理相邻或经济距离邻近，依空间权重矩阵而定）分布的趋势较为明显；Moran's I 的取值为负值，表示风险投资业的空间布局具有负向空间自相关性；Moran's I 指数的取值为 0，则表示风险投资呈现随机的空间布局，为空间不相关。Moran's I 指数的计算方法如式（5.4）所示。

$$\text{Moran's I} = \frac{\sum_{i=1}^{n}\sum_{j=1}^{n}W_{ij}(Y_i-\overline{Y})(Y_j-\overline{Y})}{S^2\sum_{i=1}^{n}\sum_{j=1}^{n}W_{ij}} \quad (5.4)$$

式中：$S^2 = \frac{1}{n}\left(\sum_{i=1}^{n}Y_i - \overline{Y}\right)^2$，$\overline{Y} = \frac{1}{n}\sum_{i=1}^{n}Y_i$；$W$ 为空间权重矩阵；n 为空间单元个数；Y_i 和 Y_j 分别为空间单元 i 和 j 的属性值。采用各省份风险投资金额占比除以各省份地区生产总值的占比得到的区位熵（LQ）来计算全局 Moran's I 指数。

常见的空间权重矩阵有以下几种：

（1）基于空间邻接（contiguity）关系或地理距离设定的空间权重矩阵。空间权重矩阵反映了区域间的空间交互关系。

[①] Anselin L. Spatial Econometrics: Methods and Models [M]. Dordrecht: Kluwer Academic Publishers, 1988.

判断空间邻接关系的方法主要有两种:第一种是基于Rook的空间邻接关系,即两区域是否有共同的边界,若区域i和区域j有共同的边界则w_{ij}取1,否则取0;第二种是Queen的空间邻接关系,若区域i和区域j有共同的边界或共同的顶点则取1,否则取0。根据空间邻接关系生成的空间权重矩阵主对角线上的元素均为0,其他元素则根据判断邻接的标准来确定。基于距离的空间权重矩阵一般有三种:第一种是基于距离束(distance band)的空间权重矩阵,一般设定一个门槛距离(threshold distance)保证每一区域都至少有一个邻居,两个区域间的距离小于门槛距离则认为两者存在邻居关系;第二种是基于K阶最近邻的空间邻接关系,K最近邻标准保证每一个观测点有相同的邻居数量;第三种是根据区域间的地理距离来设定空间权重矩阵。本书选择最常见的基于Queen的空间邻接关系来构建了地理距离矩阵$W^{(1)}$。

(2)基于经济—社会规模设定的经济距离矩阵。基于空间邻接关系或地理距离设定的空间权重矩阵未考虑区域间相互作用的经济或社会因素,所以学者们提出了基于经济或社会因素来设定空间权重矩阵,其中区域生产总值或人均生产总值是经常被采用的经济因素。林光平等(2005)用地区间人均实际生产总值差额作为测度地区间"经济距离"指标,本书借鉴这一方法,构建了基于经济规模的经济距离矩阵$W^{(2)}$。$W^{(2)}$的主对角元素为0,非主对角元素为两区域在样本期间的人均实际生产总值平均值之差绝对值的倒数。其中,人均实际生产总值采用以2000年为基期的价格指数进行折算。经济距离计算如式(5.5)所示,式中$\bar{Y}_i$为省份i在2000~2018年的人均实际生产总值平均值。

$$W_{ij}^{(2)} = \begin{cases} 0 & i = j \\ \dfrac{1}{|\bar{Y}_i - \bar{Y}_j|} & i \neq j \end{cases} \quad (5.5)$$

(3)同时考虑空间邻接关系和经济距离的空间权重矩阵。借鉴林光平等（2005）研究，基于经济距离和地理邻近关系，本书构造了同时考虑空间邻接关系和经济距离的空间权重矩阵，$W^{(3)} = W^{(1)} \times W^{(2)}$，其中 $W^{(1)}$ 为根据地理邻近关系确定的空间权重矩阵，$W^{(2)}$ 为经济距离矩阵。

表 5.6 为采用不同权重矩阵计算得到的 Moran's I 值。从表 5.6 中结果来看，采用经济距离 $W^{(2)}$ 计算的 Moran's I 值共有 17 个年份均显著为正，用空间邻接矩阵 $W^{(1)}$ 或者同时考虑空间邻接关系和经济距离的空间权重矩阵 $W^{(3)}$ 计算得到的 Moran's I 值并不显著，说明我国风险投资的集聚程度存在空间效应，且我国各省区市风险资本投资集聚程度受经济水平相近的其他省区市风险资本投资集聚程度的影响较为显著，即省域风险投资在经济水平上存在着"高—高""低—低"的空间集聚现象。由此可知，中国风险投资业在省域层级上的空间分布是非随机的，而是具有显著的经济水平正向空间自相关性特征。

表 5.6　　　　采用不同权重矩阵计算的 Moran's I 值

年份	基于 $W^{(1)}$ 的 Moran's I 值	基于 $W^{(2)}$ 的 Moran's I 值	基于 $W^{(3)}$ 的 Moran's I 值
2000	-0.034	0.180***	-0.046
2001	-0.008	0.474***	0.003
2002	-0.022	0.343***	-0.042
2003	0.068**	0.336***	0.053
2004	-0.122	0.288***	-0.128
2005	0.007	0.203***	0.028
2006	-0.070	0.209***	-0.087
2007	-0.046	0.008	-0.027
2008	-0.087	0.275***	-0.096
2009	-0.035	0.039***	-0.042
2010	-0.093	0.162***	-0.119
2011	-0.028	0.107	-0.031
2012	0.026	0.287***	0.097

续表

年份	基于 $W^{(1)}$ 的 Moran's I 值	基于 $W^{(2)}$ 的 Moran's I 值	基于 $W^{(3)}$ 的 Moran's I 值
2013	-0.001	0.495***	-0.008
2014	-0.031	0.437***	-0.032
2015	0.051	0.588***	0.079
2016	0.026	0.410***	0.052
2017	-0.013	0.257***	-0.003
2018	0.035	0.531***	0.030

注：*** 为显著性水平 p<0.010，** 为显著性水平 p<0.050。

图 5.2 为 Moran's I 值的趋势图。从图 5.2 来看，整体上省区市风险投资业的空间自相关性经历了"先下降、快速上升、小幅下降、再次上升"的发展趋势。2007 年前全局 Moran's I 值表现为下降的趋势，具体取值上，从 2001 年的 0.474 下降到 2007 年的 0.008，此后出现了上升的趋势，从 2009 年的 0.039 上升至 2015 年 0.588，2016～2017 年呈再次出现下降趋势，2018 年的 Moran's I 值再次增大到 0.531。2000～2018 年间 Moran's I 的最大值是 0.588，最小且显著的 Moran's I 值是 2009 年的 0.039。说明我国省域风险投资的空间集聚状态并不稳定，具有较大的波动性。

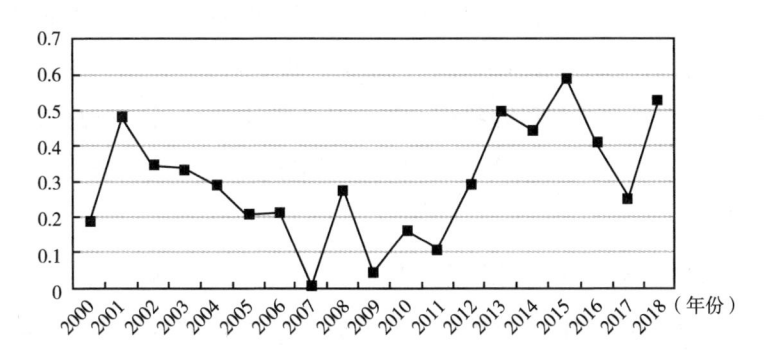

图 5.2 2000～2018 年的全局 Moran's I 值的变化

总体上，从以上分析的各项指标来看，无论是传统的度量集聚的指标如相对基尼系数、绝对基尼系数、泰尔指数、产业集中率，还是考虑空间相关性的全局 Moran's I 指数，基本都呈现出一种先下降后上升的变化，说明我国风险投资集聚程度经历了先下降后上升的趋势。对比图 5.1 和图 5.2，还可以发现两图的差异为：基尼系数、绝对基尼系数、泰尔指数、产业集中率的低谷是 2008 年和 2010 年，而 Moran's I 的低谷出现在 2007 年和 2009 年。

5.2.2 区域视角的分析

1. 各个省份的区位熵

区位熵广泛应用于产业集聚的相关文献中，关于风险投资区位熵的计算，王谦和王迎春（2005）采用某一地区风险投资额占全国风险投资额的份额除以该地区股票价值在全国所占份额来度量，张玉华等（2014）用某一地区风险投资额占全国风险投资额的比重除以该地区金融机构年末存款余额占全国金融机构年末存款余额的比重来度量。还有学者用某一地区的风险投资机构合伙人的比例除以该地区金融服务业雇员在全国所占比例度量风险投资机构合伙人的区位熵，用某一地区的风险投资机构办公室的比例除以该地区金融服务业 GDP 在全国所占比例度量风险投资机构办公室的区位熵（Chen et al.，2010）。本书采用某一省份风险投资金额占全国风险投资金额的比重除以该省份生产总值占全国 GDP 的比重来度量风险投资的区位熵。一般而言，区位熵越大，代表集聚程度越高。

限于篇幅，表 5.7 只列出了各省份部分年份的区位熵，表中最后一列均值为 2000~2018 年的平均值。从各省份的区位熵取值来看，2000~2018 年的区位熵均值大于 1 的省份有北京、上海、海南、广东、西藏和浙江，其中，北京和上海的区位熵均值分别为 12.417 和 3.750，远大于其他省份，说明风险投资在北京、上海的集聚程度远大于其他省区市。

表 5.7　　各省份部分年份的区位熵

省份	2000 年	2005 年	2007 年	2010 年	2015 年	2016 年	2018 年	均值
北京	13.961	20.850	6.159	9.961	11.711	12.973	11.303	12.417
上海	2.458	3.204	3.868	1.938	5.799	4.126	4.854	3.750
海南	0.000	0.000	16.755	0.501	0.028	0.559	0.314	2.594
广东	2.886	0.073	6.078	1.104	1.124	1.179	0.234	1.811
西藏	1.026	0.222	0.454	0.994	2.149	1.870	2.394	1.301
浙江	1.579	0.232	1.563	0.702	1.472	1.249	1.088	1.126
江苏	0.608	0.095	0.680	0.749	0.485	1.040	0.779	0.634
福建	1.367	0.064	1.537	0.626	0.196	0.082	0.331	0.600
青海	0.000	0.849	1.255	0.124	0.848	0.683	0.415	0.596
四川	0.507	0.014	0.878	0.920	0.235	0.027	0.456	0.434
新疆	0.000	0.000	0.179	2.843	0.000	0.004	0.007	0.433
宁夏	0.923	0.030	0.649	0.573	0.546	0.173	0.103	0.428
重庆	0.000	0.000	0.547	1.832	0.236	0.100	0.120	0.405
天津	0.000	0.007	0.363	1.045	0.465	0.387	0.192	0.351
黑龙江	0.214	0.311	0.611	0.723	0.121	0.220	0.236	0.348
安徽	0.448	0.582	0.362	0.624	0.163	0.012	0.081	0.325
陕西	0.207	0.272	0.042	0.684	0.126	0.550	0.074	0.279
湖北	0.062	0.030	0.305	1.107	0.048	0.054	0.074	0.240
湖南	0.000	0.000	0.823	0.412	0.019	0.008	0.268	0.219
山西	0.020	0.174	0.250	0.465	0.064	0.020	0.155	0.164
广西	0.000	0.018	0.627	0.465	0.010	0.017	0.009	0.164
山东	0.044	0.075	0.302	0.198	0.088	0.077	0.345	0.161
甘肃	0.000	0.000	0.404	0.339	0.019	0.004	0.360	0.161
江西	0.032	0.000	0.167	0.790	0.005	0.004	0.035	0.148
辽宁	0.000	0.027	0.306	0.672	0.001	0.010	0.002	0.146
内蒙古	0.000	0.000	0.051	0.518	0.029	0.215	0.028	0.120
贵州	0.027	0.000	0.016	0.063	0.287	0.248	0.015	0.094
河南	0.000	0.000	0.132	0.033	0.022	0.164	0.105	0.065
吉林	0.000	0.000	0.000	0.240	0.000	0.068	0.000	0.044
云南	0.000	0.000	0.026	0.130	0.011	0.001	0.027	0.028
河北	0.000	0.000	0.010	0.017	0.054	0.000	0.023	0.015

2. 局域空间自相关检验

表 5.4 中的全局 Moran's I 指数检验结果显示了各省区市风险投资业在整体上表现出显著的非随机的正向空间自相关性，但全局 Moran's I 指数无法显示具体是在哪些省区市出现风险投资业高（或者低）观测值的空间集聚，无法刻画省域风险投资业的局域空间集聚性和局域空间自相关性特征。局域空间自相关可以用来检验一个空间单元与邻近单元在观测属性下的相关程度。采用 Moran 散点图可考察风险投资业可能存在的局域自相关性，考察每个省区市对全局空间自相关的贡献度，找出"高—高"集聚区和"低—低"集聚区。

因此，本书利用 2001 年、2006 年、2015 年和 2018 年的区位熵，进行局域 Moran's I 的计算，画出 Moran 散点图来进一步揭示省域风险投资业的局域空间自相关性，找出"高—高"集聚区和"低—低"集聚区。与计算全局 Moran's I 指数一致，采用经济距离矩阵计算各省份的局域 Moran's I 指数。图 5.3 ~ 图 5.6 分别为 2001 年、2006 年、2015 年和 2018 年风险投资空间集聚的局域 Moran 散点图。表 5.8 ~ 表 5.11 分别为相应年份局域 Moran 散点图四个象限中对应的地区。

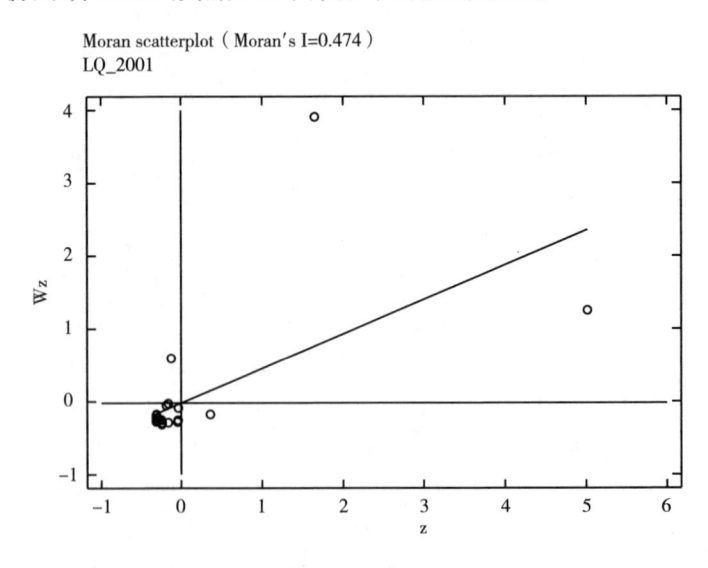

图 5.3 2001 年风险投资集聚的局域 Moran 散点图

表 5.8　2001 年风险投资集聚的局域 Moran 散点图对应的地区

象限	省份
第一象限（高—高）	北京、上海
第二象限（低—高）	天津
第三象限（低—低）	河北、山西、内蒙古、辽宁、吉林、黑龙江、安徽、江西、山东、河南、湖北、湖南、广西、重庆、贵州、云南、西藏、陕西、甘肃、新疆、宁夏、江苏、海南、四川、青海、浙江、广东
第四象限（高—低）	福建

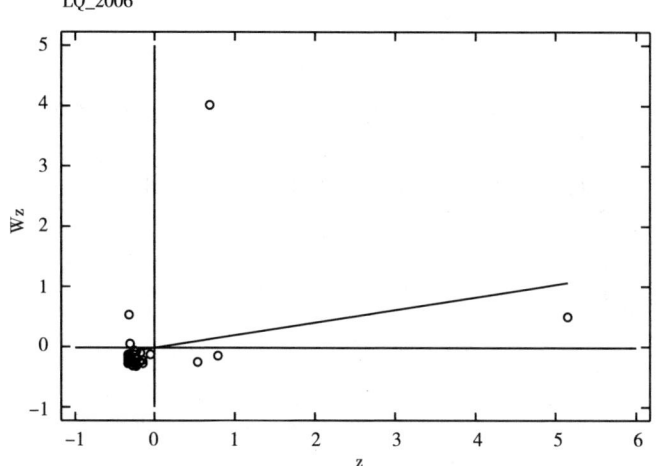

Moran scatterplot（Moran's I=0.209）
LQ_2006

图 5.4　2006 年风险投资集聚的局域 Moran 散点图

表 5.9　2006 年风险投资集聚的局域 Moran 散点图对应的地区

象限	省份
第一象限（高—高）	北京、上海
第二象限（低—高）	天津、四川
第三象限（低—低）	河北、山西、内蒙古、辽宁、吉林、黑龙江、安徽、江西、山东、河南、湖北、湖南、广西、重庆、贵州、云南、西藏、陕西、甘肃、新疆、浙江、宁夏、江苏、海南、福建
第四象限（高—低）	广东、青海

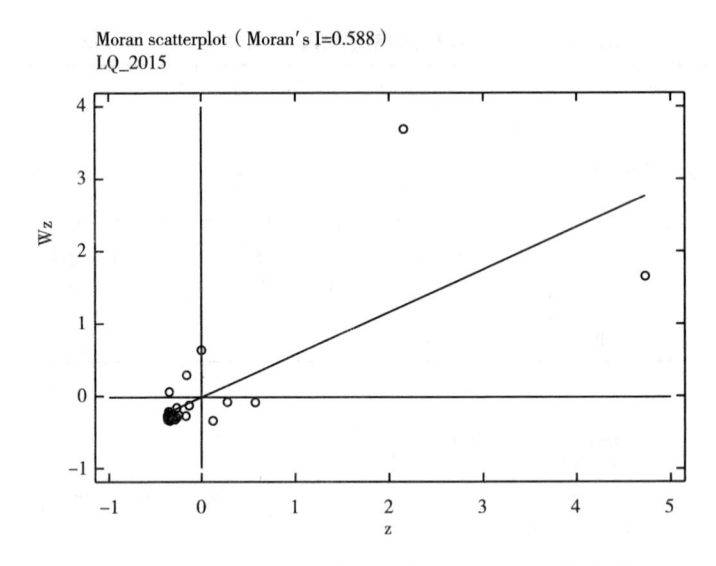

Moran scatterplot (Moran's I=0.588)
LQ_2015

图 5.5　2015 年风险投资集聚的局域 Moran 散点图

表 5.10　2015 年风险投资集聚的局域 Moran 散点图对应的地区

象限	省份
第一象限（高—高）	北京、上海
第二象限（低—高）	天津、江苏、湖南
第三象限（低—低）	河北、山西、内蒙古、辽宁、吉林、黑龙江、福建、山东、湖北、广西、重庆、贵州、陕西、宁夏、新疆、青海、安徽、江西、河南、云南、甘肃、四川、西藏
第四象限（高—低）	海南、浙江、广东

表 5.11　2018 年风险投资集聚的局域 Moran 散点图对应的地区

象限	省份
第一象限（高—高）	北京、上海
第二象限（低—高）	天津、江苏
第三象限（低—低）	河北、山西、内蒙古、辽宁、吉林、黑龙江、福建、山东、湖北、湖南、广西、重庆、贵州、陕西、宁夏、新疆、青海、安徽、江西、河南、云南、甘肃、四川、西藏、海南
第四象限（高—低）	浙江、广东

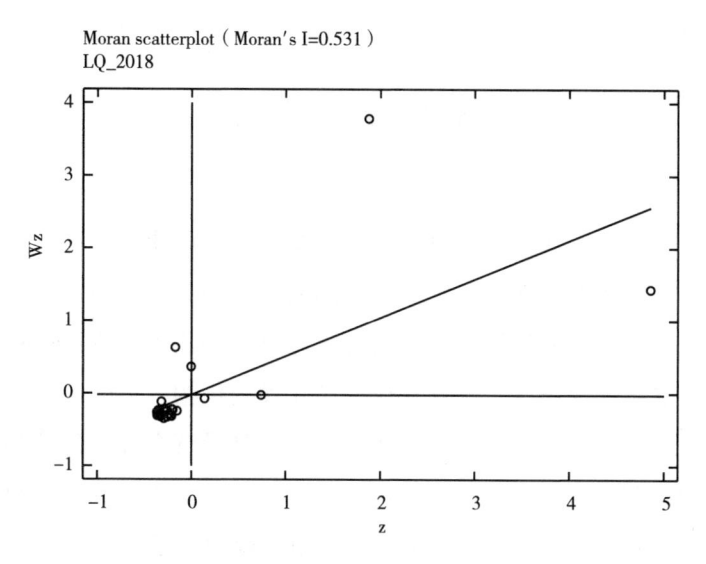

Moran scatterplot (Moran's I=0.531)
LQ_2018

图 5.6　2018 年风险投资集聚的局域 Moran 散点图

将上述四个散点图（图 5.3～图 5.6）和散点图四个象限中对应的地区（表 5.8～表 5.11）进行对比发现，多数省区市风险投资业的集聚属性在样本期间较为稳定，但也存在一些变化。北京、上海始终位于第一象限，天津始终位于第二象限，河北、山西、内蒙古、辽宁、吉林、黑龙江、安徽、江西、山东、河南、湖北、广西、重庆、贵州、云南、西藏、陕西、宁夏、甘肃、新疆始终处于第三象限，其他省份则略有变化，比如，当 2015 年风险投资集聚程度高时，浙江位于"高—低"集聚区，集聚程度低时（2006 年），浙江位于"低—低"区域。但即使在集聚程度较弱的 2006 年，仍有 27 个省区市位于 Moran 散点图中第一和第三象限，占全部省区市数量的 87.097%；位于第一象限的省区市数占到了省区市总数的 6.452%，位于第三象限的省区市数占到了省区市总数的 80.645%。这表明中国各省区市风险投资业具有明显的空间差异性，呈现出显著的正向局域空间自相关，多数省份的风险投资不发达，且经济发展水平相当的其他省份的风险投资同样不发达，只有以北京、上海为代表的少数几个省份风险投资较发达，且与其经济发展水平相当的其他省份的风险投资也较发达。

5.3 本章小结

本章主要对风险投资机构、接受风险投资的创业企业的地理分布进行了统计,并采用区位基尼系数、泰尔指数、产业集中率和全局 Moran's I 值度量了总体上的风险投资的空间集聚程度,采用局域 Moran 散点图分析了区域空间集聚程度。研究发现,风险投资机构、接受风险投资的创业企业均主要集中在北京、上海和广东,风险投资存在空间集聚,且空间集聚程度呈"高—低—高"的波动趋势,全局 Moran's I 指数显著为正,局域 Moran 散点图表明中国各省区市风险投资业具有明显的空间差异性,呈现出显著的正向局域空间自相关。

第 6 章

我国风险投资空间集聚的省级环境因素分析

在第 5 章对风险投资的集聚程度进行度量的基础上，本章将进一步从省级环境因素的角度实证分析影响我国风险投资空间集聚的因素，并为地方政府促进风险投资发展提供相关建议。

6.1 理论分析

韦伯注意到了集聚效应对工业区位的影响[1]，克里斯塔勒和勒施进一步探讨了产业集聚的动力机制[2][3]。从区位理论来看，风险投资的空间集聚一方面可以带来专业化和大规模运作的利益，风险投资机构可以以更低的成本对创业企业进行筛选和监督；另一方面，空间集聚使风险投资机构可以更容易地获得高质量的投资项目、高素质的技术和管理人

---

[1] 阿尔弗雷德·韦伯. 工业区位论 [M]. 李刚剑，陈志人，张英保，译. 北京：商务印书馆，1997.
[2] 沃尔特·克里斯塔勒. 德国南部中心地原理 [M]. 常正文，等译. 北京：商务印书馆，1998.
[3] 奥古斯特·勒施. 经济空间秩序 [M]. 王守礼，译. 北京：商务印书馆，2010.

才，还可以通过享受公共设施、政策而获得外部性带来的利益。

区域金融和金融地理学的相关研究表明，区域层面的环境因素如区域创新、人力资本等因素会影响金融集聚水平（刘程军等，2020；任英华、徐玲、游万海，2010），自然集聚过程是金融中心形成的基础，政府推动是金融中心形成的重要原因①。有学者分析了受教育水平、专利水平、税收等区域因素对风险投资集聚的影响（Chen et al.，2010）。刘卫东和刘超（2005）从创新资源、人才优势、产业基础和投资环境解释了我国风险投资区域集中性。根据学者们对风险投资集聚的相关研究，本章从政府对科技事业的支持、第三产业发达程度、科技环境、人力资本、交通基础设施等方面来分析区域环境因素对风险投资集聚的影响。

（1）政府对科技事业的支持。随着经济增长方式的转变和产业结构的调整，地方政府越来越重视高科技企业的发展，希望通过对科技型企业的支持来促进地方经济增长及解决当地就业等问题。创新驱动发展战略下，政府对科技创新起着引领性作用（李政、杨思莹，2018），地方政府对科技事业的支持一方面可以促进高科技企业的发展，另一方面也起到引导民间资金流入科技事业领域。上述两方面的共同作用会吸引风险资本对该地区进行投资。

（2）第三产业发达程度。风险投资的运作需要有相关专业的商业机构提供配套服务，律师事务所、会计师事务所、资产评估机构、投资银行、保险公司和其他商务服务机构提供的专业化服务，可以为风险投资机构带来便利。风险投资机构可以与其他金融机构进行便利的信息交流与知识共享，并可以从其他金融机构招募到急需的人才。中介机构推荐是风险投资机构获得投资项目的一个重要来源，中介机构群体是风险投资发展不可或缺的要素（陈工孟、蔡新颖，2009）。金融中介的发展，有助于降低风险投资交易前的信息不对称，降低交易成本和交易风险，

---

① 黄解宇，杨再斌. 金融集聚论：金融中心形成的理论与实践解析 [M]. 北京：中国社会科学出版社，2006.

也有助于降低交易后监督受资企业的成本。科技保险可以转移创业企业技术创新活动中的风险，从而减少风险投资的风险，科技保险对促进风险投资业的发展有着重要意义（曹国华、蔡永清、罗成，2010）。此外，金融中心的证券交易所及其投资中介机构还可以为风险投资的顺利退出提供便利（王谦、王迎春，2005）。所以，第三产业发达的省份更容易吸引风险投资。

（3）人力资本。高科技企业对高学历人才的需求较大，高学历人口为初创的高科技企业提供了人才库，为创业企业的发展提供了人才保障。风险投资机构对投资项目的评价很大程度上是对创业者素质的评价（张玉华、李超，2014）。此外，在人力资本充裕的地区，金融中介机构、风险投资机构也可以以较低的成本从人才市场中招聘到所需的专业人才。所以，区域人力资本有助于风险投资集聚。

（4）科技环境。风险资本投资于初创的高科技企业，在良好的科技环境中，风险资本有更大的选择范围。风险投资机构可以在科技环境良好的地区建立行业投资网络，更好地为受资企业提供行业、市场、管理等方面的支持。风险资本是趋利的，区域创新资源对于风险资本具有吸纳作用（佘金凤、汤兵勇，2007）。所以，良好的科技环境会吸引风险投资。

（5）交通基础设施。风险投资机构与创业企业之间存在信息不对称，为了降低投资风险，风险投资家要对投资项目进行投资前的筛选，对受资企业进行投资后监督并开展其他增值活动（Sorenson et al.，2001）。这两项活动的开展均受地理距离的影响，所以风险投资存在本地偏好（Cumming & Dai，2010）。省级交通基础设施的完善程度影响了风险投资的交易成本，进而会影响资金的投向。

（6）金融机构存款规模。金融机构存款与风险投资是民间资金的两个重要投资方向，两者之间呈竞争关系。同时，金融机构和风险投资也是实体经济获得资金支持的两个重要来源，两者的不同在于，风险投资机构一般投资于初创的高新技术企业，这类企业往往无过往业绩供银行参考，甚至尚处于亏损状态，缺少固定资产可抵押，无法从银行获得资金支持。若金融机构吸收的存款规模越大，资金更多地流向传统金融渠道，更倾向于支持传统行业，则初创的高新技术企业的发展空间受限越明显。

6.2 研究设计

6.2.1 数据来源

本章研究我国省级层面风险投资集聚的影响因素，因此以中国31个省份（不含港澳台地区）2008~2018年的面板数据为研究样本。各省份风险投资金额的数据来自Wind数据库中的"股票—资产交易—中国PEVC库—统计与排行"。各省份的科技支出、地方财政支出、第三产业增加值、地区生产总值、大专以上学历人口、专利申请授权量等数据来自国家统计局官网。各省份民航客运吞吐量来自中国民用航空局官网的全国机场生产统计公报。各省份年末存款数据来自Wind数据库中的"经济数据库—中国宏观数据—银行和货币—存款和贷款：省级和直辖市"。样本期以2008年为起点是因为2008年以前的数据存在大量缺失。

6.2.2 变量的选取及度量

被解释变量为风险投资集聚程度，采用风险投资的区位熵来度量，计算方法为某省份风险投资金额占全国风险投资金额的比重除以该省份生产总值占全国GDP的比重。该指数能够有效地消除区域规模差异的影响，可以更准确地反映区域要素的空间分布状况。

解释变量包括：地方政府对科技事业的支持、第三产业发达程度、人力资本、科技环境、交通基础设施和金融机构存款规模。地方政府对科技事业的支持（$FISC_{it}$）用 i 省份 $t-1$ 年财政科技支出占其地方财政支出的比例来度量；第三产业发达程度（$SERV_{it}$）用 i 省份 $t-1$ 年第三产业增加值占该省生产总值的比重来度量；人力资本（$EDUC_{it}$）用 i 省份 $t-1$ 年大专及以上学历人口占全省总人口的比例来度量；科技水平（$PATE_{it}$）用 i 省份 $t-1$ 年专利申请授权量占全国专利申请授权量的比例来度量；基础设施（$INFR_{it}$）用 i 省份 $t-1$ 年民航客运吞吐量来度量；金融机构存款规模（$DEPO_{it}$）用 i 省份 $t-1$ 年年末银行存款余额来度量。为了减少内生性问题，所有解释变量均采用滞后一期处理。

6.2.3 模型设定与权重矩阵的确定

1. 模型设定

第 5 章中对省域风险投资集聚的 Moran's I 检验表明，2000~2018 年省域风险投资集聚存在显著的正向空间自相关，对风险投资集聚影响因素的分析应采用空间计量模型。常见的空间计量模型有空间滞后模型、空间误差模型和空间杜宾模型。空间杜宾模型嵌套了空间滞后模型和空间误差模型[①]，因此本书采用空间杜宾模型，具体模型如下：

$$y_{it} = \rho \sum_{j=1}^{N} W_{ij} y_{jt} + X'_{it} \beta + \sum_{j=1}^{N} W_{ij} X_{ijt} \theta + \mu_i + \xi_t + \varepsilon_{it} \quad (6.1)$$

式中，y 为被解释变量，X 为解释变量，W 为空间权重矩阵，ρ 是被解释变量的空间滞后项 Wy 的系数，参数 β 反映了解释变量对被解释变量的影响，参数 θ 是解释变量的空间滞后项 WX 的系数。β 和 θ 是 $k×1$ 阶的参数向量；μ_i 和 ξ_t 分别表示空间效应和时间效应；ε_{it} 是误差项，

---

① 保罗·埃尔霍斯特. 空间计量经济学——从横截面数据到空间面板 [M]. 肖光恩，译. 北京：中国人民大学出版社，2015：83.

$i=1$, …, N, N 表示观测空间单元个数, $t=1$, …, T, T 表示时期数。

当 $\theta=0$ 时,模型就简化成空间滞后模型;当 $\theta+\rho\beta=0$ 时,模型就简化成空间误差模型。可以通过拉格朗日乘子(Lagrange multiplier,LM)检验及稳健性拉格朗日乘子(robust Lagrange multiplier,RLM)检验来检验 $\theta=0$ 和 $\theta+\rho\beta=0$ 是否成立。

如果 $\theta=0$ 和 $\theta+\rho\beta=0$ 都被拒绝,则空间杜宾模型能最好地描述数据。如果 LM 检验和 RLM 检验都指向空间滞后模型,则应该采用空间滞后模型;如果 LM 检验和 RLM 检验都指向空间误差模型,则应该采用空间误差模型。

所以将本研究的模型设定为式(6.2):

$$\begin{aligned}\ln(LQ_{it}) = & \beta_0 + \rho W\ln(LQ_{it}) + \beta_1\ln(FISC_{it}) + \beta_2\ln(SERV_{it}) + \beta_3\ln(EDUC_{it}) \\ & + \beta_4\ln(PATE_{it}) + \beta_5\ln(INFR_{it}) + \beta_6\ln(DEPQ_{it}) \\ & + \theta_1 W\ln(FISC_{it}) + \theta_2 W\ln(SERV_{it}) + \theta_3 W\ln(EDUC_{it}) \\ & + \theta_4 W\ln(PATE_{it}) + \theta_5 W\ln(INFR_{it}) + \theta_6 W\ln(DEPO_{it}) \\ & + \mu_i + \xi_t + \varepsilon_{it}\end{aligned} \quad (6.2)$$

式中,W 为空间权重矩阵,采用第 5 章中的经济距离矩阵。为了考察风险投资空间集聚对政府对科技事业的支持、第三产业的发达程度等解释变量的弹性,模型中各变量都进行了对数处理。

2. 权重矩阵的设定

时空权重矩阵可以反映研究对象的空间溢出效应及其在时间上的传导路径和传导效应,因而更能适应面板数据空间计量模型建模需要(范巧、郭爱君,2019)。本章基于外生的经济距离矩阵与外生的时间权重矩阵构造了外生的时空权重矩阵(TW),是时间权重矩阵与经济距离矩阵的克罗内克乘积。其中,外生时间权重矩阵的构建参考了杜布等(Dube et al.,2014)的方法,本章研究期间是 2008~2018 年,所以时间权重矩阵是 11×11 阶的矩阵,其中,主对角线以上的元素全为零,其余元素均取 1,表示从时间上来看,前面的年份会影响后面的年份。

在此基础上，对时间权重矩阵进行行标准化，标准化后的时间权重矩阵第一行1个非零元素取值为1，第二行2个非零元素均取0.5，第三行3个非零元素均取0.333，第四行4个非零元素均取0.25，以此类推，第11行11个非零元素均取0.091。

6.3 实证结果与分析

6.3.1 空间计量模型的遴选过程及结果

参考范巧和郭爱君（2019）关于空间模型遴选的思路进行模型的选择，回归结果如表6.1所示。

表6.1　　　　　　　　模型的遴选过程及结果

项目	联合 OLS	SAR	SEM
常数项	-0.064 (-0.151)	0.128 (0.303)	-3.060*** (-6.163)
ln*FISC*	20.412*** (6.250)	21.586*** (6.367)	14.119*** (4.088)
ln*SERV*	1.661*** (3.016)	1.550*** (2.845)	3.200*** (5.848)
ln*EDUC*	2.279*** (3.088)	2.472*** (3.340)	2.551*** (3.532)
ln*PATE*	0.271 (0.327)	0.250 (0.305)	0.170 (0.202)
ln*INFR*	0.063* (1.908)	0.058* (1.764)	0.107*** (3.707)
ln*DEPO*	-0.179*** (-4.882)	-0.183*** (-5.063)	-0.100*** (-2.994)

续表

项目	联合 OLS	SAR	SEM
ρ		-0.138 (-0.996)	
λ			0.857*** (21.173)
拟合优度修正值	0.520	0.521	0.543
对数似然值	-152.921	-152.554	-148.089
随机扰动项方差估计值	0.147	0.143	0.137

注：*** 为显著性水平 $p<0.010$，* 为显著性水平 $p<0.100$，括号内数据为 t 值。

从表 6.1 中的回归结果来看，SAR 模型中的 ρ 不显著，SEM 模型中的 λ 在 1% 的水平上显著为正，初步判断空间误差模型优于非空间模型和空间滞后模型。进一步采用 LR 检验来确认空间模型是否优于非空间模型。基于混合效应视角下，以联合 OLS 为起点，考察 SAR 的优劣。原假设为 $H_0: \rho=0$，备择假设为 $H_1: \rho \neq 0$，模型从联合 OLS 演变到 SAR 时的似然比取值为 LR = 0.734，小于 $\chi^2_{0.01}(1)$ 的临界值 6.634，因此，无法拒绝原假设，联合 OLS 优于 SAR。类似的，比较联合 OLS 与 SEM 的优劣，模型从联合 OLS 演变到 SEM 时的似然比取值为 LR = 9.665，大于 $\chi^2_{0.01}(1)$ 的临界值 6.634，所以 SEM 优于联合 OLS。

具体采用 SAR 还是 SEM，较常见的是采用 LM 检验及 RLM 检验来决定。判断标准是：如果在空间依赖型的检验中发现 LM-lag 比 LM-err 在统计上更加显著，并且 RLM-lag 显著而 RLM-err 不显著，则应该采用空间滞后模型。相反，如果 LM-err 比 LM-lag 在统计上更加显著，且 RLM-err 显著而 RLM-lag 不显著，则可以认为空间误差是合适的空间自回归模型；如果 LM-lag、LM-err、RLM-err 和 RLM-lag 都显著，则选择空间杜宾模型。

表 6.2 为 LM 检验和 RLM 检验的结果。表 6.2 中 LM-lag 和 RLM-lag 均不显著，LM-err 和 RLM-err 均在 1% 的水平上显著，所以应该采用空间误差模型更合适。

表 6.2　　　　　　　　　LM 检验和 RLM 检验结果

项目	LM-lag	RLM-lag	LM-err	RLM-err
统计量的取值	2.670	1.068	13.357	11.756
p 值	0.102	0.301	0.000	0.001

6.3.2　空间误差模型回归结果

埃尔霍斯特（Elhorst）认为当使用位于一个连续研究区域的邻近空间单位的空间—时间数据时，例如，一个州的所有县或一个国家的所有地区，固定效应比随机效应更合适①。因此，本书对考虑空间固定效应、时间固定效应和双固定效应的空间误差模型进行估计。表 6.3 为空间误差模型的回归结果。从回归结果来看，考虑空间固定效应和双固定效应的空间误差模型中的 ρ 都不显著，且解释变量多不显著，说明不适合采用空间固定效应和双固定效应的空间误差模型。考虑到时间固定效应的空间误差模型中 λ 为正，且在 1% 的水平上显著，从拟合优度和变量的显著性来看，该模型更好。

表 6.3　　　　　　　　　空间误差模型回归结果

项目	空间固定效应	时间固定效应	空间和时间双固定效应
ln*FISC*	-2.924 (-0.715)	6.580** (2.088)	-1.445 (-0.355)
ln*SERV*	-1.010 (-1.376)	4.376*** (8.469)	0.093 (0.103)
ln*EDUC*	1.080 (0.922)	2.836*** (4.396)	1.200 (0.966)

---

①　保罗·埃尔霍斯特. 空间计量经济学——从横截面数据到空间面板 [M]. 肖光恩，译. 北京：中国人民大学出版社，2015：73.

续表

项目	空间固定效应	时间固定效应	空间和时间双固定效应
ln*PATE*	-4.538 ** (-2.559)	-0.316 (-0.438)	-4.770 (-2.740)
ln*INFR*	-0.028 (-0.275)	0.097 *** (3.594)	0.011 *** (0.110)
ln*DEPO*	-0.137 (-1.295)	-0.017 (-0.524)	0.028 (0.181)
λ	0.288 (1.558)	0.440 *** (2.748)	0.036 (0.174)
拟合优度修正值	0.101	0.637	0.009
对数似然值	-30.855	-100.060	-20.936
随机扰动项方差估计值	0.070	0.105	0.066

注：*** 为显著性水平 $p<0.010$，** 为显著性水平 $p<0.050$，括号内数据为 t 值。

对表 6.3 中考虑时间固定效应的空间误差模型回归结果进行分析，λ 大于 0，说明省域间风险投资集聚水平存在正向的空间关联效应，省域风险投资集聚水平存在相互促进的现象，这可能是因为经济发展水平相近的省域间风险投资发展的关联程度更高。

ln*FISC* 的系数显著为正，说明政府对科技活动的支持可以显著促进风险投资的集聚。政府对于科技活动的支持可以营造良好的科技创新环境，形成良好的创新氛围，从而有利于企业开展创新活动，并会吸引风险投资机构对于该区域企业的关注。

ln*SERV* 的系数显著为正，说明省级层面第三产业的发展正向影响风险投资的集聚。风险投资的发展需要良好的专业化服务业的发展，在律师事务所、会计师事务所、资产评估机构等专业机构发达的省份，风险投资机构可以将投资过程中的某些环节委托给这些专业机构，从而降低交易成本，提高投资判断的准确性。

ln*EDUC* 的系数显著为正，说明省级层面的人员受教育水平正向影响风险投资的集聚。在人员受教育水平更高的省份，更多的人会利用专业特长进行创业或参与到创业活动中，更容易产生科技性创业。

$\ln INFR$ 的系数显著为正，说明交通基础设施会促进风险投资集聚。在交易基础设施良好的省份，风险投资家们可以更快捷地接触创业企业，便于风险投资家开展投前的调研和投后的监督、管理。同时，交易基础设施良好的省份往往也是人员流动性大的省份，伴随人员流动，信息传播速度更快、传播范围更广，风险投资家更容易接触到这些省份的项目信息。

$\ln DEPO$ 和 $\ln PATE$ 的系数为负，但并不显著，说明金融机构存款规模、省级层面的科技水平对风险投资集聚的影响并不显著。

6.3.3 关于内生性问题的讨论

考虑到财政支出、第三产业发达程度、人口受教育水平等解释变量与风险投资集聚之间可能存在互为因果造成的内生性问题。以人口受教育水平与风险投资集聚的关系为例进行分析。一方面，人力资本促进了风险投资集聚；另一方面，风险投资集聚吸引了人才，高学历人口可能会向风险投资集聚的区域迁移，即出现解释变量与被解释变量之间互为因果造成的内生性问题。模型中纳入解释变量的滞后项是研究中解决双向因果关系造成的内生性问题的一个常用方法。为了减少这一相互依赖的问题，本章对所有自变量均采用了滞后一期处理。因此，可以认为本章较好地处理了解释变量和被解释变量互为因果造成的内生性问题。

6.4 研究结论与政策建议

基于空间面板计量模型分析影响风险投资空间集聚因素的研究发

现，省域间风险投资集聚水平存在正向的空间关联效应，省级层面地方政府对科技事业的支持、第三产业的发展、人员受教育水平和交通基础设施会促进风险投资的集聚。

对于地方政府而言，可以考虑从以下方面来促进当地风险投资的集聚：

（1）加大地方政府对科技事业的支持力度。地方政府通过加大对科技事业的支持，一方面可以直接促进科技型企业的发展，促使科技型企业开展创新活动；另一方面，地方政府通过加大对科技事业的支持还可以起到引导的作用，通过营造良好的支持科技型企业发展的公共环境，间接作用于科技型企业。

（2）发展本地的第三产业。第三产业发达程度高的省份，市场化程度更高，金融环境更好。良好的金融中介环境不仅可以促进当地高科技企业发展，而且可以为风险投资机构获得投资项目信息、筛选和评估投资项目提供专业化服务，降低风险投资机构的信息获取及筛选成本，提高投资判断的准确性。

（3）发展教育事业，提高人口受教育水平。风险投资机构一般投向初创的、高科技企业，与传统行业相比，这类企业对高素质人才的需求更多，更重视人力资本。人口受教育水平高的省份为高科技企业发展所需的人才提供了人才储备，企业可以更便捷地在劳动力市场上获得所需的各类人力资源。此外，人口受教育水平高，往往也意味着创业人群的受教育水平普遍较高，与风险投资选择知识密集型、技术密集型的投资对象相匹配，风险投资更容易找到投资项目。

（4）发展交通基础设施。便利的出行条件会吸引风险投资对该省份的投资。交易达成前，风险投资家要对创业项目进行实地考察，对创业团队进行尽职调查，交易达成后，要对受资企业进行监督，提供增值服务。良好的出行条件可以节约风险投资家的时间、精力、金钱成本。所以，对于风险投资不发达地区来说，要加强交易基础设施的建设。

6.5　本章小结

本章首先在借鉴现有研究的基础上，对影响风险投资空间集聚的省级层面因素进行了理论分析；然后，运用空间面板数据，通过对空间计量模型进行遴选，确定最适宜模型。研究发现，地方政府对科技事业的支持、第三产业发达程度、人口受教育水平和交通基础设施均显著正向影响风险投资集聚。研究结果为地方政府完善地区环境从而提高风险投资在当地的集聚程度提供了政策依据。

第 7 章

我国风险投资的本地偏好

风险投资的本地偏好是指风险投资机构面临相似的投资项目时，更倾向于选择本地的、地理邻近的创业企业进行投资。本章将采用微观研究的方法，对风险投资机构的本地偏好进行度量和比较，并从社会互动的角度来分析风险投资机构本地偏好的同群效应。

7.1 数据来源

本书从投中集团的 CVSource 数据库中收集了 2000~2018 年中国 31 个省区市（不含港澳台地区）的风险投资交易事件信息。2000~2017 年的投资事件于 2018 年 1 月 12 日导出，2018 年的投资事件于 2019 年 6 月导出。初步搜集到的原始投资事件为 48895 次。对于创业企业位于中国境外或未知的投资事件进行剔除，共剔除 2932 次。在一轮投资中，若多家风险投资机构对一家创业企业进行了联合投资，则将这一投资事件拆分为多次，即一个机构对应一个企业。在拆分过程中，将风险投资机构总部位于境外或未知但创业企业位于中国境内的投资事件进行了保留，这是因为考虑到这些机构所投资的创业企业同样是可供中国境内的风险投资机构选择的投资机会。对联合投资事件进行拆分后得到"机构—企业—轮次"52210次投资事件,其中包括总部位于境外或机构总部未知的风险投资机构对中国境内创业企业的14275次投资事件(这部分投资事件涉及的风险投资机构不计算其本地偏好)。在数据处理过程中,发现存在同一风险投资机构通过所管理的旗下不同基金投资于同一企业的情况,比如一期基金和二期基金,将这种情况视为一次投资事件,但这一情况较少。计算本地偏好需要用到风险投资机构、创业企业所在城市的经纬度,这一数据通过百度地图进行手工收集。表7.1总结了数据收集和处理过程。

表7.1　　　　　　　　　数据收集情况

样本收集过程	数量（次）
原始导出数据	48895
剔除：创业企业位于境外或未知机构的投资事件	2932
拆分后得到"风险投资机构—企业—轮次"投资事件	52210
剔除：总部位于境外或总部未知的风险投资机构对中国境内创业企业的投资事件	14275
最终样本为"风险投资机构—企业—轮次"投资事件	37935

7.2　本地偏好的比较

本章借鉴现有研究中对本地偏好的度量方法,测量我国风险投资机构的本地偏好程度,并对不同类型风险投资机构的本地偏好进行比较,初步检验影响本地偏好的因素。首先,依据第3章对于本地偏好的界定和度量,计算各个年份各风险投资机构的本地偏好;然后,采用方差分析、T检验和Wilcoxon秩和检验等方法对不同资本来源、不同背景、不同地区、不同时期、不同经验的风险投资机构的本地偏好进行比较。

7.2.1 本地偏好的度量

风险投资的本地偏好表示，在面对若干可供选择的投资组合时，在其他条件相当的情况下，风险投资机构倾向于选择地理距离比较近的创业企业。计算某一风险投资的本地偏好只需要计算该机构实际投资组合的平均距离与基准投资组合的平均距离之间的差异百分比即可。在度量本地偏好时，笔者参考了科沃尔和莫斯科维茨（Coval & Moskowitz, 1999）、卡明和戴（Cumming & Dai, 2010）所使用的公式。

风险投资机构会选择与风险投资相契合的创业企业，包括行业关注度、发展的阶段和地理区位[①]。风险投资机构的投资组合策略包括投资地域、投资行业和投资阶段（Gupta & Sapienza, 1992）。风险投资机构选择某一投资对象可能是看好该企业所处行业的未来发展潜力，如中国2000年后风险投资机构对IT及互联网行业的投资、2012年后对医疗健康产业的投资。另外，风险投资机构的投资目的是为了最终实现成功退出，企业所处发展阶段不同，从投资到成功退出所需时间也会不同。有的风险投资机构偏向早期阶段从而获得高额利润；有的则偏向于晚期阶段从而尽快实现成功退出，从而把资金投向新的投资机会。所以，在计算本地偏好的时候将企业所处发展阶段也作为考虑因素之一。最终，在确定基准投资组合时，考虑投资事件达成的年份、创业企业所处的行业和发展阶段，即本地偏好是基于投资事件达成时的年份、创业企业所处行业和发展阶段计算的。

行业类型的分类考虑了 CVSource 数据库的行业分类。CVSource 的一级分类包括：互联网、电信及增值、IT、能源及矿业、制造业、化学工业、建筑建材、交通运输、汽车行业、农林牧渔、金融、医疗健康、

---

① 珍妮特·K. 史密斯，理查德·L. 史密斯，理查德·T. 布利斯. 创业融资：战略、估值与交易结构 [M]. 沈艺峰，覃家琦，肖珉，张俊生，译. 北京：北京大学出版社，2017.

连锁经营、食品饮料、文化传媒、教育及人力资源、旅游业、房地产、公用事业、综合，共20个大类。对"机构—企业—轮次"的37935次投资事件进行行业分布的统计结果如表7.2所示。

表7.2　　　　　　　　风险投资事件的行业分布

CVSource一级行业	事件数（例）	比例（%）	CVSource一级行业	事件数（例）	比例（%）
互联网	7949	20.954	化学工业	845	2.227
IT	7760	20.456	连锁经营	763	2.011
制造业	4304	11.346	汽车行业	758	1.998
医疗健康	3277	8.638	农林牧渔	654	1.724
电信及增值	2253	5.939	建筑建材	638	1.682
文化传媒	1824	4.808	交通运输	523	1.379
能源及矿业	1670	4.402	食品饮料	401	1.057
综合	1446	3.812	房地产	373	0.983
金融	1267	3.340	旅游业	181	0.477
教育及人力资源	899	2.370	公用事业	150	0.395

在计算本地偏好时，为了方便计算，同时考虑到行业的相近性，将互联网、IT和电信及增值三类合并称为IT互联网；将制造业、化学工业、汽车工业、建筑建材（其中不包括建筑施工）、食品饮料合并称为制造业；其余行业中，考虑到医疗健康下的二级行业多为高新技术行业，且医疗健康的投资事件比例较高，设为单独一类；其他11个行业合并称为其他（包括建筑建材一级行业下的建筑施工），共分为4大类。表7.3为最终样本中四类行业的分布。从样本事件的行业统计来看，IT互联网所占比例最高（47.349%），其次为其他（25.702%），制造业（18.310%）排第三，医疗健康排第四（8.638%）。

表 7.3　　　　　　　　投资事件中四类行业的分布

四类行业	事件数（例）	比例（%）
IT 互联网	17962	47.349
其他	9750	25.702
制造业	6946	18.310
医疗健康	3277	8.638
总计	37935	100.000

CVSource 数据库中将企业发展阶段分为早期、发展期、成熟期和获利期四个阶段。发展阶段的统计结果如表 7.4 所示。从样本事件中创业企业所处发展阶段来看，发展期投资事件所占比例最高（50.389%），其次为早期阶段（28.264%），扩张期投资事件排第三（15.487%），获利期投资事件排第四（5.860%）。在后续研究中将扩张期和获利期进行合并，统称为扩张获利期。

表 7.4　　　　　风险投资支持的创业企业发展阶段的分布

发展阶段	事件数（例）	比例（%）
早期	10722	28.264
发展期	19115	50.389
扩张期	5875	15.487
获利期	2223	5.860
总计	37935	100.000

接下来确定基准投资组合时，将行业分为 IT 互联网、制造业、医疗健康和其他四类，发展阶段分为早期、发展期和扩张获利期。

用以下几种情况来解释本地偏好的计算，A 代表某一风险投资机构，a、b、c 等小写英文字母代表获得风险投资的创业企业，d_A^m 代表 A 的基准投资组合距离，d_A 代表 A 的实际投资组合距离，$d_{A,a}$ 代表风险投资机构 A 与创业企业 a 之间的地理距离，$d_{A,b}$ 代表风险投资机构 A 与创业企业 b 之间的地理距离，依此类推。

（1）假设在某一年份，风险投资机构 A 对 IT 互联网、早期阶段的创业企业 a 进行了投资,这是真实达成的风险投资事件,同时,与 a 处于同样行业、同样阶段的 b、c 两家企业获得了其他风险投资机构的投资,如图 7.1 所示。

	早期	发展期	扩张获利期
IT 互联网	a, b, c (a)		
制造业			
医疗健康			
其他			

图 7.1　投资于一个行业、一个阶段的情况

这种情况只涉及行业与阶段的 4×3 个组合单元中的一个组合单元,即 IT 互联网—早期,对于 A 而言,基准的投资组合有 a、b、c 三个,括号内的 a 代表真实达成的风险投资事件。

对于 A 来讲,如果没有本地偏好,则投资于 3 家创业企业的权重均为 1/3,则基准投资组合的平均距离为:

$$d_A^m = \frac{d_{A,a} + d_{A,b} + d_{A,c}}{3} \tag{7.1}$$

若该年份实际投资组合的距离 $d_A = d_{A,a}$,则风险投资机构 A 的本地偏好为:

$$LB_A = \frac{d_A^m - d_A}{d_A^m} \tag{7.2}$$

(2)进一步,假设在某一年份,IT 互联网行业处于早期的 a、b、c 三家企业获得风险投资,IT 互联网行业、处于发展期的 d、e 两家企业获得风险投资,其中,创业企业 a、b 和 d 获得了风险投资机构 A 的投资,c 和 e 从其他机构处得到了投资,如图 7.2 所示。则在行业与阶段的 4×3 个组合单元中涉及 2 个组合单元。A 在两个组合单元中的投资事件比例分别为 2/3 和 1/3。

	早期	发展期	扩张获利期
IT互联网	a, b, c (a, b)	d, e (d)	
制造业			
医疗健康			
其他			

图 7.2　投资于一个行业、两个阶段的情况

对于 A 来讲，该年份实际投资组合的距离为：

$$d_A = \frac{d_{A,a} + d_{A,b} + d_{A,d}}{3} \tag{7.3}$$

对于风险投资机构 A 来讲，分别以 2 个组合单元中实际达成的风险投资事件数所占比例为权重，则基准投资组合的平均距离为：

$$d_A^m = \frac{2}{3} \times \frac{d_{A,a} + d_{A,b} + d_{A,c}}{3} + \frac{1}{3} \times \frac{d_{A,d} + d_{A,e}}{2} \tag{7.4}$$

同样，依据式（7.1）可计算 A 的本地偏好。

（3）假设在某一年份，IT 互联网行业早期的 a、b、c 三家企业获得风险投资，IT 互联网行业处于发展期的 d、e 两家企业获得风险投资，制造业早期阶段的 f、g、h 三家企业获得风险投资，其中，风险投资机构 A 对创业企业 a、b、d、f、g 进行了投资，如图 7.3 所示。在行业与阶段的 4×3 个组合单元中涉及 3 个组合单元。

	早期	发展期	扩张获利期
IT互联网	a, b, c (a, b)	d, e (d)	
制造业	f, g, h (f, g)		
医疗健康			
其他			

图 7.3　投资于两个行业、两个阶段的情况

对于 A 来讲，该年份实际投资组合的距离为：

$$d_A = \frac{d_{A,a} + d_{A,b} + d_{A,d} + d_{A,f} + d_{A,g}}{5} \tag{7.5}$$

如果 A 没有本地偏好，则 A 会投资于 IT 互联网行业早期阶段 3 家创业企业，平均距离为 $(d_{Aa} + d_{Ab} + d_{Ac})/3$，投资于 IT 互联网行业发展期阶段的平均距离为 $(d_{Ad} + d_{Ae})/2$，投资于制造业早期阶段的 3 家创业企业的平均距离为 $(d_{Af} + d_{Ag} + d_{Ah})/3$，以实际达成的风险投资事件占比为权重，基准投资组合的平均距离为：

$$d_A^m = \frac{2}{5} \times \frac{d_{A,a} + d_{A,b} + d_{A,c}}{3} + \frac{1}{5} \times \frac{d_{A,d} + d_{A,e}}{2} + \frac{2}{5} \times \frac{d_{A,f} + d_{A,g} + d_{A,h}}{3} \tag{7.6}$$

进而可以计算 A 的本地偏好。

一般地，行业与阶段的组合单元有 4×3 个，若风险投资机构 i 投资于 N 家风险投资组合企业，其中涉及 q 个组合单元。

如果没有本地偏好，则风险投资机构投资于这些创业企业的权重均为 $1/N$，则风险投资机构 i 的基准投资组的平均距离为：

$$d_i = \frac{1}{N} \sum_{j=1}^{N} d_{i,j} \tag{7.7}$$

式中，d_i 表示某一年份风险投资机构 i 的实际投资组合的平均距离，$d_{i,j}$ 表示风险投资机构 i 与创业企业 j 之间的地理距离。

风险投资机构 i 的基准投资组合的平均距离为：

$$d_i^m = \sum_{p=1}^{q} W_p d_i^p \tag{7.8}$$

式中，W_p 表示组合单元中实际达成的风险投资事件数所占比例，d_i^p 表示第 p 个组合单元中的风险投资机构 i 与创业企业之间的平均距离。

对于风险投资机构 i，本地偏好可以表示为：

$$LB_i = \frac{d_i^m - d_i}{d_i^m} \tag{7.9}$$

上述讨论中地理距离均以球面距离来计，通过风险机构所在城市和创业企业所在城市的纬度和经度计算两者之间的球面距离，设 $d_{i,j}$ 为风险投资机构 i 与创业企业 j 之间的距离，则计算公式为：

$$d_{i,j} = 6378.1 \times \arccos[\sin(lat_i)\sin(lat_j) + \cos(lat_j)\cos(lat_j)\cos(|long_i - long_j|)] \times \pi/180 \tag{7.10}$$

式中，lat 表示纬度，$long$ 表示经度，6378.1 表示以千米计的地球半径。风险投资机构的位置由其总部所在地来确定。所以，对于总部位于境外或未知的风险投资机构，不列入样本。

已知全国各城市的经纬度的基础上，我们利用 Excel 计算出风险投资机构的基准投资组合的平均距离 $d_{i,m}$ 和实际投资组合的平均距离 d_i，进而计算出各风险投资机构的本地偏好。LB_i 越接近于 1，说明本地偏好越大。

通过计算发现，风险投资机构与创业企业之间的平均距离为 660.646 千米；最大值是 4259.995 千米，对应的，该投资机构该年实际投资组合的平均距离 d_i 为 4259.995 千米，d_i^m 为 1054.255 千米，本地偏好为 -3.041；最小值是 0，这是因为风险投资机构和创业企业位于同一城市。

7.2.2 风险投资机构本地偏好的比较

在度量风险投资机构本地偏好的基础上，采用方差分析、独立样本 T 检验和 Wilcoxon Ranksum 检验，对不同资金来源、不同背景、不同地区、不同时期和不同经验的风险投资机构的本地偏好进行比较。

1. 分析方法

（1）方差分析。方差分析是检验两个总体或多个总体的均值间差异是否具有统计意义的一种方法。方差分析的基本思想是变异分解，即根据资料类型以及研究目的，将样本的总变异分解为若干部分，除有一部分代表随机误差的作用（组内差异）外，其余每个部分的变异（组间差异）分别代表了某个影响因素的作用，通过比较可能由某因素所导致的变异与随机误差的大小，借助 F 分布做出推断，从而了解该因素对结果变量的影响是否存在。本书在分析不同资本来源、不同背景、不同地区、不同时期的风险投资机构的本地偏好是否存在显著差异时采用了方差分析。

（2）T 检验。T 检验也称学生 T 检验（student's T-test），是在一定置信水平之下，在两组样本都服从正态分布和总体方差相等的假设之下，用以推断差异发生的概率，进而判断两组样本在均值上是否存在显著差异。T 检验包括单样本 T 检验、两样本 T 检验。其中，两样本 T 检验又包括配对样本 T 检验和独立样本 T 检验。本书在分析不同地区、不同经验的风险投资机构的本地偏好是否存在显著差异时采用了独立样本 T 检验。

（3）Wilcoxon 秩和检验。Wilcoxon 秩和检验（rank-sum test），是一种非参数检验方法，它们不对数据分布做特殊假设，因而能适用于更复杂的数据分布情况，但当数据实际上满足正态分布时，用 T 检验更有效。秩和检验的基本思想是，如果一组样本的秩和显著地比另一组小（或大），则两组样本在所考察的特征上有显著差异。Wilcoxon 秩和检验采用的统计量是卡方检验统计量。本书在分析不同地区、不同经验的风险投资机构的本地偏好是否存在显著差异时采用了 Wilcoxon 秩和检验检验。

以上检验使用的分析工具为 Stata 15.0。

2. 分析结果

（1）不同资本来源的风险投资机构的本地偏好比较。谭等（Tan et al.，2008）发现，中国风险投资市场中，国内风投公司在监管方面不太积极，保留否决权的可能性较小，将股票期权引入目标公司和所有员工的可能性也较小，它们提供增值服务的动力也不如外国同行，相反，它们集中监督和参与所投资企业的财务方面。富勒（Fuller，2010）将风险投资机构在中国投资科技初创企业的模式分为三种：由非华人创办的外国风险投资公司的服务型、科技型的投资模式；由华人创办的、嵌入华人社区的外资企业的技术创新投资模式；由地方政府资助的中国风险投资公司投资于政府主导的项目或完全不投资于科技初创企业的投资模式。可见，不同资金来源的风险投资机构在投资策略上存在明显不同。根据我国风险投资机构的资本来源，可以分为中资、外资和中外合资三类。本章采用方差分析对不同资本来源的风险投资机构的本地偏好进行比较。表7.5为对不同资本来源的风投机构本地偏好的方差分析结果。

表7.5 不同资本来源风险投资机构本地偏好的方差分析结果

投资机构	均值	标准差	频数	均值差			
				中资	p值	中外合资	p值
中资	0.319	0.504	27820				
中外合资	0.193	0.322	7949	−0.126	0.000		
外资	0.203	0.376	1898	−0.116	0.000	0.010	0.686
总体	0.286	0.468	37667				

通过表7.5可以发现，不同资本来源的风险投资机构本地偏好存在显著差异。其中，中资风险投资机构的本地偏好程度最强，与中外合资风险投资机构相比，中资风险投资机构的本地偏好的均值大0.126；与外资风险投资机构相比，中资风险投资机构的本地偏好的均值大0.116。与中外合资风险投资机构相比，外资风险投资机构本地偏好的均值大0.010，但这一差异并不显著。

（2）不同背景的风险投资机构的本地偏好比较。风险投资的背景具有多样性，不同背景的风险投资机构在投资目标和投资策略上存在差异（Ughetto，2010）。国外研究中包括：关于政府背景的风险投资机构与独立的风险投资机构在增值服务上的比较（Luukkonen et al.，2013）；政府风险投资公司（GVC）与私人背景风险投资机构（PVC）在投资绩效（Zhang & Mayes，2018）、创业企业成功（Brander et al.，2015）方面的比较；等等。还有学者对公司背景和独立背景风投机构支持的初创企业在投资金额和持续时间（Guo et al., 2015）、增长模式（Bertoni et al., 2013）上的差异进行比较。这些研究普遍发现，政府背景的风险投资机构的投资绩效较差（Brander et al., 2015; Guo et al., 2015; Bertoni et al., 2013; Cumming et al., 2017），支持的创业企业成长性较弱，在发展商业理念、专业化和退出导向方面做得不够好（Luukkonen et al., 2013）。考虑到我国风险投资发展的特殊性，表7.6对现有研究中有关风险投资机构背景的文献进行梳理。

由表7.6可见，现有研究中关于风险投资背景的分类并不完全一致。从我国风险投资的发展实践来看，我国的风险投资发展经历了早期政府主导、2000年后外资背景的风险投资机构进入中国以及本土企业与民间资本日益活跃三个阶段。本书结合我国风险投资发展实际，并借鉴苟燕楠和董静（2014）、张学勇和廖理（2011）的研究，按照风险投资机构资本的出资方将风险投资分为政府背景、外资背景、民营背景和混合背景四类。政府背景风险投资机构指由各级政府或国有企业发起设立并出资或部分出资的风险投资机构；外资背景风险投资机构指资金来源于境外的风险投资机构；民营背景风险投资机构是指由除国有企业之外的其他境内企业发起设立的风险投资机构；混合背景风险投资机构的资本构成比较多元化，包括民营企业资金与境外资金的组合、政府资金与境外资金的组合。Wind数据库中对于风险投资机构的类型分为：国有企业、中央国有企业、地方国有企业、民营企业、外资企业、中外合资企业、外商独资企业、集体企业、公众企业和其他。在确定风险投资机构背景时，根据Wind数据库中风险投资机构的类型并结合资本来源来确定风险投资机构背景，将Wind数据库中风险投资机构的类型为国有企业、中央国有企业和地方国有企业且资本来源为中资的机构归为政府背景，国有企业、中央国有企业和地方国有企业且资本来源为中外合资的归为混合背景；Wind数据库中风险投资机构的类型为外资企业和外商独资企业且资本来源为外资的归为外资背景风险投资机构；Wind数据库中风险投资机构的类型为民营企业、集体企业、公众企业和其他且

表7.6 现有研究对我国风险投资机构背景的划分

代表文献	分类及界定方法	数据来源	主要发现
钱苹和张帏（2007）	依据资金来源是否为非国有独资企业、金融机构、大学或事业单位，分为国有和非国有	创业投资机构网站及调研信息	国有风投机构退出项目的平均投资回报率显著低于非国有风投机构
张学勇和廖理（2011）	分为政府背景、民营背景、外资背景和混合型背景，其中，混合型指多家不同背景风投机构联合投资同一公司	CVSource数据库中对于风险投资机构的信息描述栏	外资和混合型背景风险投资支持的公司IPO抑价率较低，股票市场累计异常回报率较高
吴超鹏等（2012）	根据风投机构的合伙人或股东中是否有国务院国资委或地方国资委、地方政府、发改委和科技部等部委，分为国有背景和非国有背景	风险投资机构的合伙人或股东	非国有背景的风险投资机构才能够显著地改善外部融资环境，国有背景的风险投资机构可帮助企业获得更多的短期债务融资
杨大楷和陈伟（2012）	政府背景风险投资包括：各级政府及国有资企业对风险投资的直接投资；企业背景风险投资包括国内股份有限公司、有限责任公司、非金融机构风险资本提供的风险投资；独立风险投资指自然人组建的风险投资公司以及合伙制的风险投资企业	企业招股说明书	独立风险投资对IPO后收益具有显著正向影响，政府背景风险投资和企业背景风险投资对IPO后收益无影响

续表

代表文献	分类及界定方法	数据来源	主要发现
苟燕楠和董静（2014）	分为政府背景、外资背景、公司背景、民营背景和混合背景。混合背景指多于一种资本背景的风投机构投资于同一家企业	清科数据库和CVSource数据库	政府背景、公司背景以及混合资本背景风投资的参与企业研发投入呈负相关关系
余琰等（2014）	风险投资股权构成中存在政府机构、各级政府的产业引导基金、国有企业的投资，均视为国有资本的风险投资，进一步根据国有股权持股比例和国有股权政治层级对国有风险投资进行划分	手工查询风险投资机构的股权结构和投资来源	国有风险投资在投资政策初衷上并没有体现出显著不同，在扶持创新上没有表现出显著的价值增加，国有风险投资在企业发展晚期投入能享有更高的投资成本和更低的投资收益
许昊等（2015）	分为政府背景、民营背景和外资背景。政府背景风险投资机构的资金多来自于各级政府或国有企业	股东的股本性质	政府背景风险投资对企业研发投入无影响，民营和外资投入有积极的促进作用；外资背景风险投资的持股比例显著正向影响企业研发投入

资本来源为中资的归为民营背景风险投资机构。

对于 Wind 数据库中未包含的风险投资机构，通过 CVSource 数据库中风险投资机构背景信息进行手工收集，并依据以下标准判断其背景。

第一，政府背景风险投资机构：若风险投资机构的合伙人或股东中有国务院国资委或地方国资委、地方政府、发改委、科技部、国有企业、中央企业及大学等背景时，且资本来源为中资，则认为具有政府背景。

第二，民营背景风险投资机构：境内股份有限公司（包含上市公司）、有限责任公司以及非金融机构、个人发起设立的风险投资机构，且资本来源为中资，则认为是具有民营背景。

第三，外资背景风险投资机构：若风险投资机构的合伙人或股东中有境外资本，或者控股股东为境外资本时，且资本来源为外资，则认为具有外资背景。

第四，混合背景风险投资机构：除上面三种类型的其他机构为混合背景。

表 7.7 为政府背景、民营背景、外资背景和混合背景风险投资机构本地偏好的方差分析结果。

表 7.7　不同背景风险投资机构本地偏好的方差分析结果

背景	均值	标准差	频数	均值差					
				政府背景	p 值	民营背景	p 值	外资背景	p 值
政府背景	0.445	0.488	4698						
民营背景	0.298	0.501	21096	-0.147	0.000				
外资背景	0.196	0.319	4427	-0.249	0.000	-0.102	0.000		
混合背景	0.193	0.346	6071	-0.252	0.000	-0.105	0.000	-0.003	0.994
总体	0.287	0.464	36292						

通过表 7.7 可以发现，不同背景风险投资机构的本地偏好存在显著差异。其中，政府背景风险投资机构的本地偏好程度最强，外资背景、

混合背景风险投资机构的本地偏好更弱。与民营背景风险投资机构相比，政府背景风险投资机构的本地偏好的均值大 0.147；与外资背景风险投资机构相比，政府背景风险投资机构的本地偏好的均值大 0.249；与混合背景风险投资机构相比，政府背景风险投资机构的本地偏好的均值大 0.252；与外资背景风险投资机构相比，民营背景风险投资机构本地偏好的均值大 0.102，且上述差异均在 1% 的水平下显著。这一发现与黄福广等（2014）指出的国有风险资本具有更明显的本地偏好特点相一致。同时，也与龙玉等（2017）发现的高铁开通后市场化程度更高的非国有背景风险投资机构对高铁城市的新增投资比国有背景风险投资机构更多相一致。可能是因为政府背景的风险投资机构承担了推动本地区政府制定的产业发展战略、推进高科技产业化等任务（钱苹、张帏，2007），出于产业政策扶持的目的或受制于基金成立时要求的投资区域限制，更多地将投资目光锁定在本地。

（3）不同地区的风险投资机构的本地偏好比较。我国的风险投资发展存在地理集聚的现象，蔡莉（2004）根据风险投资发展水平不同将风险投资的地理区域分为发达、中等发达和欠发达地区三类，其中北京、上海、深圳属于发达地区，浙江、陕西、天津、湖北、山东、江苏、广东（除深圳外）属于中等发达区域，辽宁、安徽、重庆、湖南、河南、内蒙古、贵州、山西、福建、甘肃、四川、云南、黑龙江、吉林、江西、河北属于欠发达区域。有学者将区位分析与网络分析相结合研究中国创投活动的空间格局，发现北京、深圳和上海是中国领先的风险投资中心，尽管长三角地区拥有最多的投资，但在风投公司数量、投资以及国内风投支持的 IPO 数量方面，北京和深圳更占优势，在风投网络中，北京和深圳也比上海更占据中心位置（Pan et al.，2016）。

第 5 章中表 5.3 和表 5.4 对风险投资机构、受资企业的分布进行了统计，结果表明，总部位于北京、上海和深圳的风险投资机构的投资事件占全部投资事件的比例高达 72.595%，位于北京、上海和深圳的受资企业占全部受资企业的比例为 58.036%。结合借鉴蔡莉（2004）的研究结果，认为北京、上海和深圳依然是风险投资发达区域，也可以称作我国的风险投资中心，浙江、江苏、广东（除深圳外）、山东、天津和湖北属于中等发达区域，其他省份为欠发达区域，与蔡莉（2004）的研究结果相比，将陕西归入欠发达区域。

本章依据风险投资机构总部所在地，首先，对位于风险资本中心（北京、上海和深圳）与非位于风险资本中心的风险投资机构的本地偏好进行 T 检验和 Wilcoxon 秩和检验。表 7.8 为位于风险资本中心风险投资机构本地偏好与非位于风险资本中心风险投资机构本地偏好的比较。

表 7.8 风险资本中心与非风险资本中心风险投资机构本地偏好的比较

指标	均值		标准差		t 值	z 值
	风险资本中心	非风险资本中心	风险资本中心	非风险资本中心		
LB	0.246	0.392	0.003	0.005	27.253***	27.064***

注：*** 表示显著性水平 $p < 0.010$。

通过表 7.8 可以发现，不同地区的风险投资机构本地偏好存在显著差异。其中，总部位于北京、上海或深圳的风险投资机构本地偏好的均值为 0.246，而总部位于其他省区市的风险投资机构本地偏好的均值为 0.392，且这一差异在 1% 的水平下显著，说明位于非风险资本中心的风险投资机构本地偏好更强。

其次，依据风险投资机构总部所在地，对三类区域的风险投资机构的本地偏好进行方差分析。表 7.9 方差分析的结果表明，发达地区（风险投资中心）风险投资机构的本地偏好最小，与发达地区的风险投资机构相比，中等发达地区风险投资机构的本地偏好大 0.149，欠发达地区风险投资机构的本地偏好大 0.139，且均值差异均在 1% 的水平下显著。与中等发达地区的风险投资机构相比，欠发达地区风险投资机构的本地偏好小 0.010，但这一差异并不显著。

表 7.9　不同地区风险投资机构本地偏好的方差分析结果

地区	均值	标准差	频数	均值差 发达	p值	中等发达	p值
发达	0.246	0.448	27539				
中等发达	0.395	0.512	7696	0.149	0.000		
欠发达	0.385	0.496	2700	0.139	0.000	-0.010	0.638
总体	0.286	0.470	37935				

对不同地区的风险投资机构的本地偏好的比较发现，总部位于发达地区（风险投资中心）的风险投资机构的本地偏好程度最弱，其投资范围更加广阔。这一发现与黄福广等（2014）发现的非核心发达地区的风险资本具有更明显的本地偏好特点相一致。

结合表 7.8 和表 7.9 的结果，在后续研究中可以将是否位于风险资本中心（北京、上海、深圳）作为风险投资机构所在地特征之一。

（4）不同时期的风险投资机构的本地偏好比较。马弗鲁克（Mavruk，2008）对 2000~2007 年瑞典个人投资者和机构投资者的本地偏好进行比较，发现投资者不同时期的本地偏见会发生显著变化。王曦等（2014）指出，随着时间的推移，风险投资机构的本地偏好可能发生变化，进而对绩效产生不同影响。从我国风险投资业的发展来看，我国的风险投资业起于 1985 年，其后经历了缓慢发展，2004 年后，中国风险投资进入全面的复苏期，2004 年 5 月深圳中小企业板块的设立，为风险投资的退出开辟了一个渠道。2006 年的新《中华人民共和国公司法》《中华人民共和国证券法》以及 2007 年实施的新《中华人民共和国合伙企业法》为风险投资机构的发展提供了法律保障。2009 年 10 月 23 日，酝酿十年之久的创业板正式上市，为风险资本再添一成功退出途径。

以 2004 年和 2009 年为界，将样本分为 2000~2003 年、2004~2009 年和 2010~2018 年三个时期，比较不同时期风险投资机构的本地偏好。表 7.10 为不同时期风险投资机构本地偏好的方差分析结果。可以发现，不同时期的风险投资机构本地偏好存在显著差异。其中，2000~2003 年的风险投资机构本地偏好程度最强,其后出现明显下降,2010~2018年的均值为0.273,且这一差异在1%的水平下显著。

表7.10　不同时期风险投资机构本地偏好的方差分析结果

时期	均值	标准差	频数	均值差 2000~2003年	p值	均值差 2004~2009年	p值
2000~2003年	0.609	0.486	635				
2004~2009年	0.349	0.531	3636	-0.259	0.000		
2010~2018年	0.273	0.460	33664	-0.335	0.000	-0.076	0.000
总体	0.286	0.470	37935				

(5)不同经验的风险投资机构的本地偏好比较。有研究表明,规模较大的风险投资机构比较小的风险投资机构更倾向于在广泛的地理范围内进行投资(Gupta & Sapienza,1992)。学者们也发现随着投资经验的增加,风险投资机构的投资地域越来越多元化(De Clercq et al.,2001)。从投资地域来看,经验丰富的风险投资机构可能更有能力应对信息不对称问题,更可能进行远距离投资。所以对不同经验的风险投资机构的本地偏好进行比较,本章采用此前投资事件数来度量风险投资机构的经验,将经验大于该年所有风险投资机构经验均值的归为富有经验,其他的认定为缺乏经验。将投资经验低于均值与高于均值的两组风险投资机构进行比较。表7.11为不同经验的风险投资机构本地偏好的均值比较结果。对于富有经验的风险投资机构,本地偏好的均值为0.207,小于缺乏经验的风险投资机构组的本地偏好(0.313),且这一差异在1%的水平下显著,说明富有经验的风险投资机构本地偏好程度会更弱。

表7.11　不同经验的风险投资机构本地偏好的比较

指标	均值 富有经验	均值 缺乏经验	标准差 富有经验	标准差 缺乏经验	t值	z值
LB	0.207	0.313	0.003	0.003	19.348***	23.931***

注：*** 表示显著性水平 $p < 0.010$。

7.3 本地偏好的同群效应研究

国内外研究发现风险投资存在本地偏好,且现有研究关于本地偏好的原因多从交易成本理论上进行解释(Chen et al.,2010;Cumming & Dai,2010)。现有研究的不足在于认为风险投资机构之间是相互独立的,忽视了风险投资机构间的社会互动对风险投资本地偏好的影响。从2007年中国风险投资研究院对168家风险投资机构的投资项目来源的调查结果来看,这些机构获取投资项目最重要的来源是"同行推荐",随后依次是"已投资企业推荐""朋友推荐""中介机构推荐"等,仅有不到10家机构采取自主寻找企业的方式来获得项目来源。风险投资机构之间进行密切的信息交流,伴随信息流动必然会有相互学习。风险投资机构之间还存在激烈的竞争,互相争夺优质项目和资金来源。李(Lee,2017)的研究发现,与同行机构和初创企业保持联系,会带来更多的交易和更大的资产管理规模,人脉广泛的风险投资家更可能通过大额交易而获得成功。空间计量经济学可以有效处理不同地理单位之间的空间互动效应,还被用来解释通过网络相关的经济代理人的行为[①]。鉴于此,本节采用2017年中国31个省区市(不含港澳台地区)发生投资交易的风险投资机构为样本,借鉴曼斯基(Manski,1993)提出的空间计量模型,实证检验风险投资机构的本地偏好是否存在同群效应,通过采用多种空间权重矩阵来检验同群效应产生的机制。

---

① 保罗·埃尔霍斯特. 空间计量经济学——从横截面数据到空间面板[M]. 肖光恩,译. 北京:中国人民大学出版社,2014:2.

7.3.1 理论分析

根据学习行为假说，曼斯基（Manski，2000）提出了期望互动机制，在传统认知学习模型先验信息和私有信息的基础上引入同群信息，认为同群行为及其背后的信息可通过改变个体决策者对某事件的期望进而改变其决策，即决策者对于决策收益的预期是依据其所有可获信息而得出的最佳预测。风险投资决策是非程序化决策，面临很大的不确定性，风险投资家与创业企业家之间存在信息不对称。以信息为基础的理论表明，在非确定性经营环境下，管理者难以预计企业的行为后果，因此更需要参考其他企业的行为信息。为了降低决策风险，风险投资家会不断观察和学习其他同行的投资决策，并从其他同行的投资行为里获得新信息，这些信息会改变风险投资家对于决策收益及风险的判断，从而影响其投资地域范围选择。利里和罗伯特（Leary & Roberts，2014）、张天宇和钟田丽（2019）的相关研究均为管理者的信息学习提供了实证证据。思里夫特（Thrift，1994）认为大多数金融信息在本质上都是"非标准化"的，这类信息在传播的过程中会产生距离耗损，且存在歧义性和边际成本递增的特性，要想对非标准化信息进行充分的理解和认知，则必须接近信息源。所以，交易相关的信息更容易在地理距离邻近的风险投资机构之间扩散，地理距离临近的风险投资机构可以低成本地获得同行信息，会表现出更明显的同群效应。

根据以竞争为基础的模仿理论，企业通过同群模仿来对抗行业竞争，若风险投资机构模仿同群机构的投资策略，则至少可以获得行业平均水平的回报。从动态竞争的角度来看，考虑到风险投资在投资地域上存在本地偏好，风险投资机构往往会视地理距离邻近的其他风险投资机构为直接竞争对手，互相争夺优秀项目。为了在激烈的竞争中胜出，风险投资机构会观察、研判地理邻近的同行的投资动态。根据以上分析，本书提出假设 H3。

H3：风险投资机构的本地偏好与地理距离邻近的其他风险投资机构

存在同群效应。

地理距离邻近的其他风险投资机构并不会均等地影响焦点机构的本地偏好。从社会学习的角度来看，风险投资机构可能会选择地理距离邻近且经验丰富的其他机构为标杆，对其投资行为进行模仿和学习。根据以上分析，本书提出假设 H4。

H4：风险投资机构的本地偏好受地理距离邻近且经验丰富的同行机构影响更大。

7.3.2 实证研究

1. 数据来源、变量选择及模型设定

（1）数据来源。从 CVsource 数据库导出 2018 年达成的风险投资事件，初步得到 6784 次风险事件，将联合投资事件进行拆分，得到 13544 次"机构—企业—轮次"的风险投资事件。需要指出的是，在计算风险投资机构本地偏好确定基准投资距离时，因为中国境内接受了风险投资的创业企业均为风险投资机构的备选投资机会，所以将总部位于境外的风险投资机构所投资过的创业企业也计入在内。进一步剔除总部位于境外的风险投资机构的投资事件，最终得到 1113 家风险投资机构对 3567 家企业的 6641 次"机构—企业—轮次"的风险投资事件。本节研究风险投资机构的本地偏好，所以样本数为 1113。

（2）变量选择、定义及度量。本节研究风险投资机构本地偏好的同群效应，所以被解释变量为风险投资机构的本地偏好，解释变量为同群机构的本地偏好，同时，考虑到前文分析中发现的风险投资机构的经验、风险投资机构背景、是否位于风险资本中心等因素会影响风险投资机构的本地偏好，因此将这些变量作为控制变量，同时考虑到受资企业是否为高新技术企业、受资企业发展阶段及受资企业与风险投资机构的地理距离等因素也可能会影响风险投资机构的本地偏好，因此也将其作为控制变量。表 7.12 为所有变量的度量。

表 7.12 变量定义及计算方法

变量	变量符号	变量度量
本地偏好	LB	(风险投资机构的基准投资距离 - 风险投资机构的实际投资距离) ÷风险投资机构的基准投资距离
风险投资机构的经验	$\ln N\_of\_invest$	ln (风险投资机构此前的投资事件数)
风险资本背景	Back	政府背景 =1,民营背景 =2,外资背景 =3,混合背景 =4
位于风险资本中心	Center	风险投资机构总部位于北京、上海或深圳,该变量取 1;其他情况,该变量取 0
高新技术行业	High_tech	创业企业属于高新技术行业的投资事件÷风险投资机构当年所投资事件数
偏早期阶段	Early_stage	创业企业处于早期或发展期阶段的投资事件÷风险投资机构当年所投资事件数
地理距离	$\ln Dist$	ln (风险投资机构与创业企业之间的平均距离 +1)

(3) 模型设定。曼斯基 (Manski,1993) 将同群效应定义为 "某一个体的行为或特征会受到来自该个体参照组内的其他个体 (即同群) 行为或特征的影响",这是一种 "个体之间决策的相互影响的一种内生的社会互动"。有学者指出空间计量经济学方法可以用于识别空间互动 (Lee & Yu, 2010),本节采用空间杜宾模型来检验风险投资的同群效应,具体模型设定如下:

$$LB = \alpha + \rho WLB + \beta X + \theta WX + \varepsilon \qquad (7.11)$$

式中, LB 是因变量,表示风险投资机构的本地偏好, X 是影响风险投资机构本地偏好的协变量,考虑了 7.2 节中分析过的影响本地偏好的风险投资机构特征,包括风险投资机构的经验、风险资本的背景、风险投资机构是否位于风险资本中心,同时,也考虑了创业企业特征,包括创业企业为高新技术行业的比例、风险投资交易达成时创业企业处于偏早期发展阶段的比例,还有风险投资机构与创业企业之间的地理距离。W 用于定义同伴,是一个主对角线元素均为 0 的 1113×1113 阶空间权重距离,对 W 进行了行标准化, WLB 可以表示除焦点风险投资机构外的其他风险投资机构的平均本地偏好, WX 可以表示除焦点风险投资机构外的其他风险投资机构所对应的协变量。ε 为扰动项，其均值为 0，方差为 σ^2。模型中 α、β 和 ρ 为待估参数，其中 ρ 可以反映本地偏好的同群效应，在控制风险投资机构特征和创业企业特征的基础上，若回归结果中 ρ 显著为正，则说明风险投资机构的本地偏好存在同群效应。

本书采用多种空间权重矩阵来定义风险投资机构的"同群机构"。

一是地理距离权重矩阵（W_1）。

$$w_{i,j} = \begin{cases} d_{i,j}^{-\varphi} & i \neq j \\ 0 & i = j \end{cases} \quad (7.12)$$

式中，$d_{i,j}$ 为用风险投资机构 i 与风险投资机构 j 总部的经纬度计算得到的两者之间球面距离；φ 为参数，用于表示空间作用的衰减速度，通常取值为 0.5、1 或 2，取值越大，代表衰减速度越快。对于位于同一城市的风险投资机构 $d_{i,j}=0$，此时令 $w_{ij}=1$。本节将 $\varphi=2$ 构建的地理相邻权重矩阵用于基准回归，并用 φ 取值为 1 进行稳健性检验。

二是经验—地理权重矩阵（W_2）。首先构建经验矩阵 $W_E = \mathrm{diag}(w_1, w_2, w_3, \cdots, w_{1415})$，即 W_E 是根据风险投资机构的经验程度而构建的对角矩阵，w_i 根据风险投资机构 i 的经验进行取值，若风险投资机构 i 的投资经验大于中位数，则 $w_i=1$，否则 $w_i=0$。然后，将地理相邻权重矩阵乘以经验矩阵，得到经验—地理矩阵，即 $W_2 = W_1 \times W_E$。

2. 实证结果

（1）描述性统计。表 7.13 为所有变量的描述性统计结果。LB 的均值为 0.260，最小值为 -2.339，最大值为 1.000，说明风险投资机构的本地偏好程度存在较大差异。ln$Dist$ 的最小值为 0，表明风险投资机构与受资企业位于同一城市；ln$Dist$ 的最大值为 8.210，对应风险投资机构与受资企业之间平均距离为 3677.226 千米。$High\_tech$ 的均值为 0.584，$Early\_stage$ 的均值为 0.769，表明 2018 年我国风险投资机构投资于高新技术行业企业的比例平均为 58.4%，投资于偏早期阶段的比例平均为 76.9%，说明了风险资本具有投资于偏早期、高新技术企业的特点。

表 7.13　　　　　　　　　　描述性统计结果

变量	均值	标准差	最小值	最大值
LB	0.260	0.615	-2.339	1.000
$\ln N\_of\_invest$	1.992	1.225	0	6.687
$Back$	2.083	0.696	1.000	4.000
$Center$	0.688	0.463	0	1.000
$High\_tech$	0.584	0.403	0	1.000
$Early\_stage$	0.769	0.351	0	1.000
$\ln Dist$	5.112	2.762	0	8.210

（2）空间相关性检验。采用 Moran's I 值对空间相关性进行检验，利用第 5 章中的式（5.4）计算风险投资机构本地偏好的 Moran's I 值。采用 W_1 和 W_2 为权重距离，得到 Moran's I 值，分别为 0.026 和 0.019，且均在 1% 的水平上显著，说明风险投资机构的本地偏好存在空间自相关。

（3）回归结果及模型选择。

第一，基准回归结果。表 7.14 为回归结果。表 7.14 中第 2 列为采用 OLS 的回归结果，第 3 列至第 6 列分别为采用地理距离权重矩阵进行极大似然估计得到的 SAR 模型和 SDM 模型、采用经验—地理权重矩阵进行极大似然估计得到的 SAR 模型和 SDM 模型。

表 7.14　　　　　　　　　　回归结果

项目	OLS	采用地理距离权重矩阵		采用经验—地理权重矩阵	
		SAR	SDM	SAR	SDM
		W_1	W_1	W_2	W_2
$Constant$	1.159*** (23.503)	1.111*** (22.672)	0.916*** (282.095)	1.139*** (23.191)	0.785*** (121.020)
$\ln N\_of\_invest$	0.066*** (6.931)	0.065*** (6.943)	0.070** (2.232)	0.066*** (6.949)	0.067** (2.141)
$Back$	-0.018 (-1.106)	-0.017 (-1.067)	-0.015* (-1.769)	-0.018 (-1.116)	-0.010 (-1.269)

续表

项目	OLS	采用地理距离权重矩阵		采用经验—地理权重矩阵	
		SAR W_1	SDM W_1	SAR W_2	SDM W_2
$Center$	-0.170*** (-6.926)	-0.154*** (-6.298)	-0.259*** (-15.396)	-0.161*** (-6.592)	-0.159*** (-11.901)
$High\_tech$	0.020 (-0.723)	-0.019 (-0.685)	-0.018 (-1.102)	-0.020 (-0.707)	-0.016 (-0.987)
$Early\_stage$	-0.070** (2.191)	0.062* (1.958)	0.064** (2.326)	0.067** (2.117)	0.064** (2.340)
$\ln Dist$	-0.179*** (-43.446)	-0.179*** (-43.590)	-0.181 (-0.905)	-0.179*** (-43.559)	-0.180 (-0.821)
$W \times \ln N\_of\_invest$			0.011 (0.097)		-0.021 (-0.146)
$W \times Back$			-0.189*** (-8.750)		-0.044** (-2.315)
$W \times Center$			0.172*** (3.202)		0.016 (0.272)
$W \times High\_tech$			-0.317*** (-3.477)		-0.334*** (-4.982)
$W \times Early\_stage$			0.261* (1.832)		0.274** (2.169)
$W \times \ln Dist$			0.089 (0.720)		0.078 (0.948)
ρ		0.146*** (40.745)	0.296** (2.303)	0.057*** (32.532)	0.186** (2.063)
R^2	0.637	0.633	0.646	0.636	0.646
σ^2	0.137	0.136	0.131	0.136	0.132
log-likelihood	-470.523	-82.164	-64.301	-84.419	-67.159
N	1113	1113	1113	1113	1113

注：***、**、* 分别表示显著性水平 $p<0.010$、$p<0.050$、$p<0.100$，括号内数据为 t 值。

采用 LR 检验对表 7.14 中的模型进行选择，模型从 OLS 演变到 SAR 模型时的似然比取值分别为 776.718 和 772.208，均大于 $\chi^2_{0.01}(1)$ 的临界值 6.635，因此，拒绝原假设，接受 SAR 优于联合 OLS 的备择假设。从 OLS 演变到 SDM 模型时的似然比取值分别为 812.444 和 806.728，均大于 $\chi^2_{0.01}(7)$ 的临界值 18.475，所以，SDM 模型优于 OLS 模型。再对 SAR 模型与 SDM 模型进行比较，从 SAR 演变到 SDM 模型时的似然比取值分别为 35.726 和 34.52，均大于 $\chi^2_{0.01}(6)$ 的临界值 16.812，所以，SDM 模型优于 SAR 模型。

下面对表 7.14 中第 4 列、第 6 列的回归结果进行分析。

根据空间计量模型对于同群效应的识别方法，W 用于表示风险投资机构的同群机构，WLB 表示同群机构本地偏好的平均值，为了分析风险投资机构本地偏好的同群效应是否存在，应该关注回归模型中 WLB 的系数，即 ρ 的取值及其显著性水平。若 ρ 显著为正值，说明风险投资机构的本地偏好受同群机构的正向影响；若 ρ 显著为负值，说明风险投资机构的本地偏好受同群机构的反向影响；若 ρ 不显著，说明风险投资机构的本地偏好不存在同群效应。

表 7.14 的第 4 列的回归结果中，ρ 为 0.296，且在 5% 的水平上显著，说明风险投资机构的本地偏好受地理邻近的同群机构的影响，当风险投资机构附近的其他机构的本地偏好较高时，该风险投资机构的本地偏好也较高。假设 H3 得到验证。

表 7.14 第 6 列的回归结果中，ρ 为 0.186，在 5% 的水平上显著，但小于第 4 列中的 ρ 值，说明风险投资机构的本地偏好受地理邻近且经验丰富的其他风险投资机构的影响，但地理邻近且经验丰富的同群机构对焦点机构的影响小于地理邻近的同群机构的影响，假设 H4 未得到验证。

第二，稳健性检验。采用变换空间权重矩阵来对回归结果进行稳健性检验。令式（7.12）中的 φ 取 1，得到新的反地理距离权重矩阵 $W_{1,2}$，在此基础上构建经验—地理距离权重矩阵 $W_{2,2}$。采用 $W_{1,2}$ 和 $W_{2,2}$ 分别进行空间杜宾模型的估计，回归结果如表 7.15 所示。

表7.15 稳健性检验结果

项目	W_{1_2}	W_{2_2}
Constant	0.793 *** (14.808)	0.658 *** (5.327)
$\ln N\_of\_invest$	0.069 ** (2.206)	0.067 ** (2.122)
Back	-0.013 (-1.609)	-0.010 (-1.231)
Center	-0.175 *** (-12.362)	-0.154 *** (-11.577)
High_tech	-0.020 (-1.215)	-0.018 (-1.097)
Early_stage	0.063 ** (2.278)	0.065 ** (2.375)
$\ln Dist$	-0.181 (-0.638)	-0.180 (-0.537)
$W \times \ln N\_of\_invest$	0.021 (0.139)	-0.018 (-0.091)
$W \times Back$	-0.199 *** (-7.430)	-0.014 (-0.540)
$W \times Center$	0.101 (1.272)	-0.026 (-0.342)
$W \times High\_tech$	-0.513 *** (-4.517)	-0.556 *** (-6.621)
$W \times Early\_stage$	0.372 (1.596)	0.501 *** (2.776)
$W \times \ln Dist$	0.115 (1.177)	0.087 (1.213)
ρ	0.348 *** (3.069)	0.119 (1.275)
R^2	0.647	0.649
σ^2	0.131	0.131
log-likelihood	-63.004	-64.218

注：*** 为显著性水平 $p<0.010$，** 为显著性水平 $p<0.050$，括号内数据为t值。

从表 7.15 的回归结果来看，第 2 列中的 ρ 显著为正，说明风险投资机构的本地偏好受地理邻近的同群机构的正向影响，验证了表 7.14 中第 4 列的回归结果，假设 H3 成立。当采用 W_{2_2} 为空间权重矩阵时，表 7.15 中第 3 列的 ρ 为 0.119，小于采用地理距离矩阵进行空间杜宾模型估计得到的 0.348，且并不显著，表明假设 H4 未得到验证，也表明风险投资机构本地偏好的同群效应衰减速度较快。

（4）研究结果分析。我国风险投资机构的本地偏好存在同群效应，即风险投资机构的本地偏好受到地理邻近的其他风险投资机构本地偏好的正向影响。风险投资机构以及其他为风险投资交易提供专业服务的机构形成一个"圈子"，信息尤其是非标准化信息在这一"圈子"内流动。一方面，风险投资机构可以通过公开渠道获得同行机构投资事件的相关信息披露；另一方面，风险投资家可以通过个人的私人社交网络获得其他隐性信息。风险投资机构可以较低成本获得地理邻近的同行的相关信息，并调整自身投资行为。从动态竞争的角度来看，焦点机构为了维持不低于同行的业绩表现，跟随、模仿其他同行是最佳选择。因为这种互相学习、动态竞争的机构间互动，风险投资机构的本地偏好表现出了同群效应。

地理邻近且经验丰富的同群机构的影响反而小于地理邻近的同群机构的影响，说明我国风险投资机构的同群效应存在盲目模仿。风险投资机构并非将地理邻近且经验丰富的风险投资机构视为标杆，而是一般化地模仿和学习地理邻近的同群机构。

7.3.3 研究结论与政策建议

地理邻近的同群机构、地理邻近且经验丰富的同群机构均显著影响风险投资机构的本地偏好，但地理邻近且经验丰富的同群机构影响更小。究其内在机理是同群效应不仅可以降低投资的不确定性，而且还能有效地减少因信息不对称而带来的交易费用。

对于风险投资机构而言，正确认识和理解自身的投资行为背后的原因有助于调整投资策略，客观地对待同群效应。对于监管层而言，可以利用风险投资机构本地偏好的同群效应，通过对个别风险投资机构的投资地域进行引导，从而带动其他机构的投资选择，进而实现对整个风险投资行业投资地域的引导。

7.4 本章小结

本章采用微观研究的方法，首先对风险投资机构的本地偏好进行度量和比较，其次，从风险投资机构互动的角度运用空间计量模型研究了同群机构对焦点机构本地偏好的影响。

对不同类型风险投资机构的本地偏好进行比较，从资本来源看，中资风险投资机构的本地偏好程度最强；从风险投资机构的背景来看，政府背景风险投资机构的本地偏好程度最强，外资背景、混合背景风险投资机构的本地偏好更弱；总部位于北京、上海或深圳的风险投资机构本地偏好更弱；2000~2003年的风险投资机构本地偏好程度最强，其后出现明显下降；经验丰富的风险投资机构的本地偏好程度更弱。

对风险投资机构本地偏好同群效应的研究发现，同群机构本地偏好显著影响风险投资机构的本地偏好。究其内在机理是同群效应不仅可以降低投资的不确定性，而且还能有效地减少因信息不对称而带来的交易费用。由此，获得新视角观察我国风险投资机构的投资地域选择。对于风险投资机构而言，正确认识和理解自身的投资行为背后的原因有助于调整投资策略，客观地对待同群效应。对于监管层而言，可以利用风险投资机构本地偏好的同群效应，实现对投资地域的引导。

第8章

风险投资空间集聚、本地偏好与区域经济增长的关系

8.1 理论分析与研究假设

风投资本投资于初创的高新技术企业，促进了新技术的应用与推广，为区域发展带来了资金支持，促进了创新（Faria & Barbosa，2014），同时，风险投资还会通过参与受资企业管理、提供管理咨询、促使企业管理规范化，扩大了创业企业的知名度和社会网络（Sapienza et al.，1996）。一方面，高新技术企业的发展增加了当地就业、促进了地方经济转型升级。风险投资对受资企业的支持最终转化为对区域经济增长的正向影响，因此，风险投资集聚会正向影响经济增长。另一方面，经济增长为风险投资的发展提供了广阔的空间，经济增长率高的地区更容易受到风险资本的关注，获得风险资本支持的企业会相应增加。因此，本书提出假设 $H5_A$ 和 $H5_B$。

$H5_A$：风险投资集聚会促进经济增长。

$H5_B$：经济增长促进风险投资集聚。

风险投资的本地偏好是指当面临相似的投资项目时，风险投资机构倾

向于选择地理距离更邻近的投资项目。风险投资机构的本地偏好使风险投资机构的资金中很大比例投资在风险投资机构所在地。一方面，风险投资为区域经济发展提供了资金支持，还会向受资企业提供资金外的其他增值服务，因此，风险投资的本地偏好会正向影响区域经济增长。另一方面，经济增长快的地区，市场往往更加开放、金融中介服务更发达，总部位于这些省份的风险投资机构投资视野更加开放，投资地域更加广阔，所以在经济增长快的地区，风险投资的本地偏好会更小。基于此，本书提出假设 $H6_A$ 和 $H6_B$。

$H6_A$：风险投资的本地偏好会促进经济增长。

$H6_B$：经济增长反向影响风险投资的本地偏好。

风险投资的本地偏好较大，说明风险投资机构将较大比例的资金配置在所在地区，当地的高新技术创业企业获得风险资本融资的可能性也增大。风险投资为创业企业提供的资金支持、管理支持、更广泛的社会网络有助于高新技术创业企业的成长。初创企业、获得风险投资支持的高新技术企业的成功会形成示范效应，带动更多的创业企业诞生，吸引创业企业入驻该地区。风险投资的发展与创业企业的发展形成良好的循环。因此，本书提出假设 H7。

H7：风险投资的本地偏好正向影响风险投资集聚。

8.2 研究设计

8.2.1 样本选择及数据来源

本章以 2000~2017 年我国 31 个省区市（不含港澳台地区）面板数据为样本，研究省域层面的风险投资集聚、风险投资本地偏好与区域经济增长之间的互动关系。风险投资交易、风险投资机构、受资企业相关的信息来自投中集团的 CVsource 数据库，通过第 7 章的度量方法得到各年份各个风险投资机构的本地偏好程度，省级层面地区生产总值增长率、固定资本形成额、固定资产价格指数、年末常住人口的相关数据来自国家统计局官网。

8.2.2 模型选择

面板向量自回归模型（PVAR）可以用于考察多个变量之间的动态互动关系。考虑到风险投资集聚、风险投资的本地偏好与经济增长之间可能存在内生性，因此采用面板向量自回归模型对三者之间的关系进行分析。PVAR 模型利用面板数据能够有效解决个体异质性问题，PVAR 模型充分考虑了个体效应和时间效应，能够反映内生变量之间的关系。

PVAR(P) 模型的矩阵形式可以表示为：

$$Y_{it} = C_i + \Phi_1 Y_{i,t-1} + \Phi_2 Y_{i,t-2} + \cdots + \Phi_p Y_{i,t-p} + BX_{it} + \Xi_{it},$$

$$i = 1, 2, 3, \cdots, N; t = 1, 2, 3, \cdots, T_i \tag{8.1}$$

式中，$Y_{it} = \begin{bmatrix} Y_{1it} \\ Y_{2it} \\ \vdots \\ Y_{kit} \end{bmatrix}$，$Y_{i,t-1} = \begin{bmatrix} Y_{1i,t-1} \\ Y_{2i,t-1} \\ \vdots \\ Y_{ki,t-1} \end{bmatrix}$，$\cdots$，$Y_{i,t-p} = \begin{bmatrix} Y_{1i,t-p} \\ Y_{2i,t-p} \\ \vdots \\ Y_{ki,t-p} \end{bmatrix}$，$X_{it} = \begin{bmatrix} X_{1it} \\ X_{2it} \\ \vdots \\ X_{kit} \end{bmatrix}$，

$C_i = \begin{bmatrix} C_{1i} \\ C_{2i} \\ \vdots \\ C_{ki} \end{bmatrix}$，$\Xi_{it} = \begin{bmatrix} \varepsilon_{1it} \\ \varepsilon_{2it} \\ \vdots \\ \varepsilon_{kit} \end{bmatrix}$，$\Phi_1 = \begin{bmatrix} \phi_{11}^{(1)} & \phi_{12}^{(1)} & \cdots & \phi_{1k}^{(1)} \\ \phi_{21}^{(1)} & \phi_{22}^{(1)} & \cdots & \phi_{2k}^{(1)} \\ \vdots & \vdots & & \vdots \\ \phi_{k1}^{(1)} & \phi_{k2}^{(1)} & \cdots & \phi_{kk}^{(1)} \end{bmatrix}$，

$\Phi_2 = \begin{bmatrix} \phi_{11}^{(2)} & \phi_{12}^{(2)} & \cdots & \phi_{1k}^{(2)} \\ \phi_{21}^{(2)} & \phi_{21}^{(2)} & \cdots & \phi_{2k}^{(2)} \\ \vdots & \vdots & & \vdots \\ \phi_{k1}^{(2)} & \phi_{k2}^{(2)} & \cdots & \phi_{kk}^{(2)} \end{bmatrix}$，$\cdots$，$\Phi_p = \begin{bmatrix} \phi_{11}^{(p)} & \phi_{12}^{(p)} & \cdots & \phi_{1k}^{(p)} \\ \phi_{21}^{(p)} & \phi_{21}^{(p)} & \cdots & \phi_{2k}^{(p)} \\ \vdots & \vdots & & \vdots \\ \phi_{k1}^{(p)} & \phi_{k2}^{(p)} & \cdots & \phi_{kk}^{(p)} \end{bmatrix}$

式中，Y_{it} 表示个体 i 在时点 t 的内生变量，$Y_{i,t-1}$，$Y_{i,t-2}$，…，$Y_{i,t-p}$ 表示个体 i 的内生变量的滞后项，p 为滞后阶数，X_{it} 表示个体 i 在时点 t 的 m 个外生变量，C_i 表示个体 i 的个体固定效应，Φ_1，Φ_2，…，Φ_p，B 分别为内生变量的滞后项、外生变量对应的估计系数，Ξ_{it} 为残差项。

因此，对于一阶面板向量自回归模型可以表达为：

$$Y_{it} = C_i + \Phi_1 Y_{i,t-1} + BX_{it} + \Xi_{it}, i=1,2,3,\cdots,T_i \tag{8.2}$$

考察三个变量的 PVAR（1）模型可以表达为：

$$\begin{cases} Y_{1it} = C_{1i} + \beta_{11}Y_{1i,t-1} + \beta_{12}Y_{2i,t-1} + \beta_{13}Y_{3i,t-1} + BX_{it} + \varepsilon_{1it} \\ Y_{2it} = C_{2i} + \beta_{21}Y_{1i,t-1} + \beta_{22}Y_{2i,t-1} + \beta_{23}Y_{3i,t-1} + BX_{it} + \varepsilon_{2it} \\ Y_{3it} = C_{3i} + \beta_{31}Y_{1i,t-1} + \beta_{32}Y_{2i,t-1} + \beta_{33}Y_{3i,t-1} + BX_{it} + \varepsilon_{3it} \end{cases} \tag{8.3}$$

8.2.3 变量选取

区域经济增长（GGDP），用区域生产总值增长率来度量。主要原因如下：我国区域经济发展不平衡，地区生产总值绝对值量差较大，如果以人均地区生产总值来度量，虽然可以反映各地经济发展均衡程度，但无法体现地区经济的增长状况。因此，本书采用实际地区生产总值的增长率来度量区域经济增长。

风险投资集聚（LQ），用第 5 章中的区位熵来度量，具体计算方法是省级的风险投资金额占当年全国风险投资金额的比例除以省级地区生产总值占当年全国 GDP 的比例。风险投资为区域经济发展带来了资金以及其他支持。风险投资集聚也可以用风险投资机构的数量或风险投资机构的投资事件数来度量，但这一度量方法忽略了风险投资交易额有大小之分。因此，本书采用各省份各年度的风险投资金额的区位熵来度量风险集聚。

风险投资的本地偏好（LB），用历年各省份风险投资机构本地偏好的均值来表示。第 7 章已对各年份各风险投资机构的本地偏好进行了度量和比较，发现不同地区的风险投资机构在本地偏好上存在显著差异。

因此，风险投资机构的本地偏好可能与所在地区有一定关系。将第 7 章中度量得到的各年份风险投资机构的本地偏好，根据风险投资机构所在省份取平均值，计算得到历年各省份风险投资的本地偏好。

考虑到区域资本存量和劳动力的影响，将资本存量（K）与劳动力（L）作为外生变量纳入模型。31 个省区市 2000~2017 年物质资本存量的估算采用与第 4 章中同样的方法和数据。

借鉴现有研究，劳动力投入用就业人数来度量。就业人数的数据来自国家统计局官网的"分省数据—年度数据"，但国家统计局官网只公布了 2004 年的部分省份和 2008 年之后的就业人员数据，所以采用地区生产总值的对数对就业人数进行线性插值。

以上数据均采用取对数的形式来减少异方差。

8.3 实证结果及分析

8.3.1 变量的描述性统计

首先对区域经济增长、风险投资集聚和风险投资的本地偏好三个变量进行描述性统计，结果如表 8.1 所示。通过描述性统计可以发现 $\ln GGDP$ 的平均值为 2.457，最小值为 1.386，最大值为 3.211；$\ln LQ$ 的均值为 0.393，最小值为 0.000，说明风险投资未向该地区进行任何投资。$\ln LB$ 的均值为 0.368，最小值为 -1.136，最大值为 0.693。总体上，说明区域经济增长、省级风险投资集聚程度和省级风险投资的本地偏好存在较大差异。需要说明的是，$\ln LB$ 的样本数为 423，是因为某些年份有的省份的风险投资机构未发生风险投资事件，如广西、甘肃、海南、辽宁等省份的风险投资机构在 2000 年时未发生风险投资交易，因此无法对风险投资机构的本地偏好进行度量。

表 8.1　　　　　　　　　变量的描述性统计

变量	均值	标准差	最小值	最大值
ln*GGDP*	2.457	0.242	1.386	3.211
ln*LQ*	0.393	0.568	0.000	3.084
ln*LB*	0.368	0.277	-1.136	0.693
ln*K*	9.795	1.239	5.394	12.333
ln*L*	5.777	0.902	2.693	7.587

8.3.2　面板数据的平稳性检验

根据 STATA 程序（Abrigo & Love，2016）步骤，在进行 PVAR 回归之前需要对数据进行平稳性检验，选择包含个体效应，考虑到省级层面可能存在截面相关的问题，进一步通过减去截面均值的方法来缓解截面相关带来的单位根检验不可靠的问题。采用 IPS、ADF 等多种方法进行数据平稳性检验，只要有一种方法拒绝原假设，即说明数据是平衡的。其中 ln*K* 和 ln*L* 平稳性检验结果表明数据并不平衡，所以对其进行了一阶差分，并进行一阶差分后的数据平衡性检验。单位根检验结果如表 8.2 所示。结果表明，对于 ln*GGDP*，只有 ADF 检验显示数据不平衡，对于 Δln*K* 除 Breitung 和 IPS 检验外，其他检验均表明 Δln*K* 是平稳的，对于 Δln*L* 只有 ADF 检验显示数据不平稳，其他检验均表明 Δln*L* 是平稳的。因此，可以认为区域经济增长、风险投资集聚、本地偏好、一阶差分后的资本存量和劳动力均为平稳的，可以进行下一步的向量自回归分析。

表 8.2　　　　　　　　　数据平稳性检验结果

变量	检验方法	统计量	p 值	结论
ln*GGDP*	IPS	-2.827	0.002	平稳
	ADF	1.017	0.155	不平稳
	PP	2.451	0.007	平稳

续表

变量	检验方法	统计量	p 值	结论
lnLQ	LLC	−7.877	0.000	平稳
	Breitung	−11.486	0.000	平稳
	IPS	−11.408	0.000	平稳
	ADF	9.836	0.000	平稳
	PP	27.621	0.000	平稳
lnLB	ADF	0.394	0.346	不平稳
	PP	24.417	0.000	平稳
Δln$K$	LLC	−5.146	0.000	平稳
	Breitung	4.002	1.000	不平稳
	IPS	0.747	0.772	不平稳
	ADF	4.522	0.000	平稳
	PP	3.855	0.000	平稳
Δln$L$	LLC	−4.902	0.000	平稳
	Breitung	−7.494	0.000	平稳
	IPS	−10.493	0.000	平稳
	ADF	8.420	0.316	不平稳
	PP	34.577	0.000	平稳

8.3.3 选择最优滞后阶数

安德鲁斯和卢（Andrews & Lu，2001）提出了一致矩阵模型选择标准（consistent moment and model selection criteria，MMSC），分别提出了 AIC、BIC 和 HQIC 三个信息准则用于滞后阶数的选择。本书采用 AIC、BIC 和 HQIC 最小化信息准则，选择最优滞后阶数，滞后阶数选择的结果如表 8.3 所示。

表 8.3　　不同滞后阶数的 AIC、BIC 和 HQIC 值

滞后阶数	CD 值	J 值	p 值	MBIC	MAIC	MQIC
1	0.971	28.040	0.102	−70.761	−7.960	−33.259
2	0.961	12.522	0.185	−36.878	−5.478	−18.127

表 8.3 中报告了模型总体决定系数，汉森（Hansen，1982）的 J 统计量和相应的 p 值，以及安德鲁斯和卢（Andrews & Lu，2001）基于 Hansen's J 统计量的 AIC、BIC 和 HQIC 值。根据 AIC、BIC 和 HQIC 值最小化信息准则，1 阶滞后对应的 AIC、BIC 和 HQIC 值均小于滞后阶数为 2 时的对应值，应该选择 1 阶滞后。

8.3.4 面板向量自回归结果

确定采用最优滞后阶数为一阶后，对 PVAR（1）模型采用 GMM 估计，进行 Helmert 转化来消除个体固定效应，利用变量的一阶滞后项作为工具变量来消除内生性。PVAR（1）的回归结果如表 8.4 所示。

表 8.4　　　　　　　　　PVAR（1）回归结果

项目	被解释变量					
	ln$GGDP$		lnLQ		lnLB	
L1. ln$GGDP$	0.679***	(10.270)	0.187	(0.920)	−0.362***	(−3.680)
L1. lnLQ	−0.057	(−2.410)	−0.027	(−0.270)	0.010	(0.260)
L1. lnLB	0.217***	(5.190)	0.197**	(−2.150)	0.480***	(5.310)
Dln$K$	2.472***	(5.760)	−1.327	(−1.200)	3.685***	(4.630)
Dln$L$	0.052	(0.540)	1.277	(0.830)	0.329	(1.020)

注：*** 表示显著性水平 $p<0.010$，** 表示显著性水平 $p<0.050$，L1 表示滞后一阶；括号内为 Z 值。

表 8.4 的回归结果表明，区域经济增长、风险投资机构的本地偏好的滞后一阶对自身的影响均为正向影响，且均在 1% 的水平上显著。表明区域经济增长、风险投资机构的本地偏好均具有惯性现象。

以区域经济增长为被解释变量时，风险投资的本地偏好的滞后一期正向影响区域经济增长，表明前一期风险投资的本地偏好促进了当期区域经济增长。

以风险投资集聚为被解释变量时，区域经济增长的滞后一期、风险投资集聚的滞后一期均不显著，风险投资本地偏好的滞后一期显著为正，说明前一期的区域经济增长、风险投资集聚并不显著影响当期风险投资集聚，前一期的风险投资本地偏好显著正向影响当期的风险投资集聚。

以风险投资的本地偏好为被解释变量时，区域经济增长的滞后一期负向影响本地偏好，本地偏好的滞后一期正向影响本地偏好。说明前一期区域经济增长率高的地区，在当期风险投资的本地偏好会弱，更倾向于投资外地企业。

PVAR 模型参数的广义矩估计只能较为宏观地反映变量间的动态模拟过程，无法具体刻画变量间的因果逻辑关系、动态传导机制和冲击变量的贡献度，需要通过面板 Granger 检验、脉冲响应函数和方差分解工具进一步考察。

8.3.5　PVAR 模型的稳定性检验

通过计算估计模型各特征值的向量来检查 PVAR（1）模型估计的稳定性，图 8.1 为 PVAR 稳健性检验的结果，图中三个点均位于单位圆内，所以上述 PVAR（1）模型是稳定的。

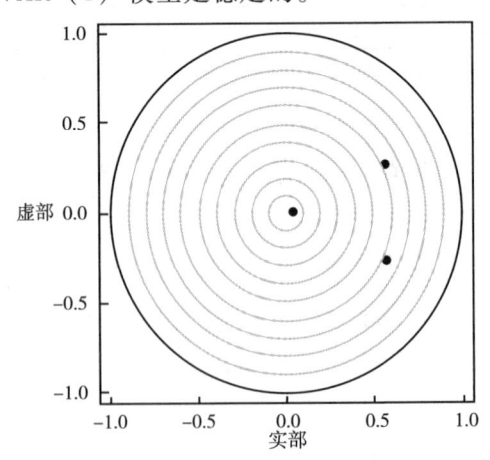

图 8.1　PVAR 模型稳定性检验

8.3.6 格兰杰因果关系检验

在PVAR模型稳健性检验通过后，进行格兰杰（Granger）因果关系检验，检验结果如表8.5所示。

表8.5 格兰杰因果关系检验结果

方程中的被解释变量	排除的变量	χ^2	df	p值
ln$GGDP$	lnLQ	5.825	1	0.016
ln$GGDP$	lnLB	26.956	1	0.000
ln$GGDP$	ALL	30.100	2	0.000
lnLQ	ln$GGDP$	0.839	1	0.360
lnLQ	lnLB	4.622	1	0.032
lnLQ	ALL	5.102	2	0.078
lnLB	ln$GGDP$	13.547	1	0.000
lnLB	lnLQ	0.069	1	0.792
lnLB	ALL	14.184	2	0.001

格兰杰因果检验的结果表明，风险投资本地偏好与区域经济增长之间存在双向格兰杰因果关系，风险投资的本地偏好与风险投资集聚之间存在单向格兰杰因果关系。所有方程的联合显著性都通过10%的显著水平检验，说明各方程其余变量的共同作用在短期内对被解释变量存在动态预测作用，一定程度说明本模型构建的合理性。将上述三个变量之间的格兰杰因果关系表达为图8.2。

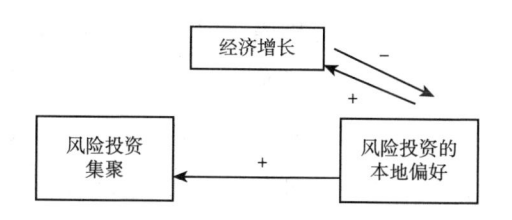

图8.2 经济增长率、风险投资集聚与风险投资本地偏好的格兰杰因果关系

8.3.7 脉冲响应

脉冲响应函数可以用来分析当某一变量产生标准差冲击时，其他变量的反应，能够反应变量之间的传导机制和路径，可以直观地展示对所有内生变量的动态影响轨迹。本书分别将冲击作用期限设定为 10 期，通过 300 次蒙特卡洛模拟，采用高斯逼近的方法估计置信度，基于 Cholesky 分解估计正交化的脉冲响应函数，从而得出区域经济增长、风险投资集聚、风险投资本地偏好的脉冲响应图，如图 8.3 所示。

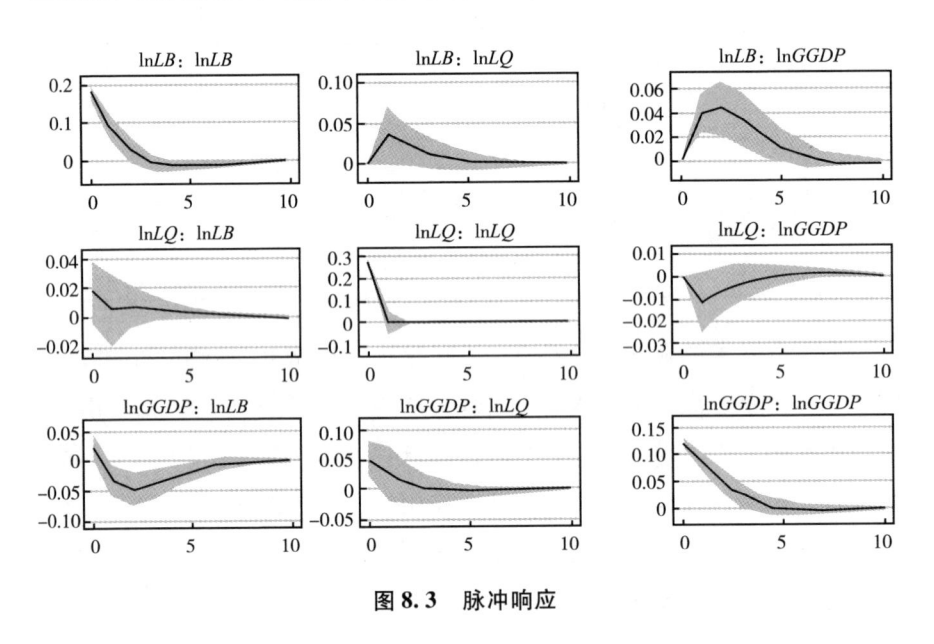

图 8.3 脉冲响应

图 8.3 中第一行的 3 个图分别表示风险投资本地偏好、风险投资集聚、区域经济增长对风险投资本地偏好冲击后的反应。从第 1 个图可以看出，风险投资的本地偏好具有惯性，期初风险投资本地偏好的一个正向冲击，能够导致之后各期的本地偏好的正向反应，且这一反应会随着预测期数的增加而减缓，在第 1 期最大，第 2 期和第 3 期快速减小，第 4 期开始比较平稳且逐渐趋于 0。第 2 个图中，本地偏好对风险投资集

聚的影响在第 1 期为正向反应，且达到最大值，从 2 期开始下降且逐渐趋于 0，所以风险投资的本地偏好对风险投资集聚存在短期正向影响。从第 3 个图可以看出，面对风险投资本地偏好一个标准化的冲击，区域经济增长的反应均为正值，在第 2 期达到最大值，从第 3 期开始逐渐减小。

图 8.3 中第二行的 3 个图分别表示风险投资本地偏好、风险投资集聚、区域经济增长对风险投资集聚冲击后的反应。第 1 个图中，面对风险投资集聚一个标准差的冲击，风险投资本地偏好的反应表现为正向反应，从第 3 期开始，风险投资本地偏好的反应是较小的正值且接近于 0，且图中阴影部分的估计区间包括了 0 线在内，所以可以认为风险投资集聚对风险投资的本地偏好无影响。第 2 个图形表明风险投资集聚对自身冲击的反应，从图形来看，当期反应为正值，第 2 期后与 0 轴非常接近，说明风险投资集聚对自身的反应仅存在于第 1 期。第 3 个图表明，面对风险投资集聚一个标准差的冲击，经济增长的反应为负值，这种负向影响在第 1 期最大，之后各期逐渐减弱，且图中阴影部分的估计区间包括了 0 线在内，所以可以认为风险投资集聚对区域经济增长无影响。

图 8.3 中第三行的 3 个图分别表示风险投资的本地偏好、风险投资集聚、区域经济增长对区域经济增长冲击后的反应。第三行的第 1 个图表明，面对区域经济增长一个标准差的冲击，风险投资本地偏好的响应值在第 1 期为正，从第 2 期开始均为负，且随着预测期数的增加，经济增长冲击带来的本地偏好反应逐渐减小。从第三行的第 2 个图可以看到，面对区域经济增长一个标准差的冲击，风险投资集聚的响应值在第 1 期和第 2 期均为正，之后各期的响应值均接近 0，说明区域经济增长促进了风险投资集聚，且随着预测期数增加，这种正向响应快速趋于 0。从第 3 个图可以看出，区域经济增长对自身冲击的反应始终为正值，且随着预测期数的增加，这一反应逐渐减小，说明区域经济增长具有惯性特点。

8.3.8 方差分解

通过方差分解可将每个内生变量预测误差的方差按照其成因分解为与各个内生变量相关联的组成部分，进而可评估各个冲击对系统内生变量变化的解释力。表8.6报告了300次蒙特卡洛模拟生成的95%置信水平下的方差分解结果。

表8.6　　　　　　　　　方差分解结果

期数	响应变量：$\ln GGDP$			响应变量：$\ln LQ$			响应变量：$\ln LB$		
	$\ln GGDP$	$\ln LQ$	$\ln LB$	$\ln GGDP$	$\ln LQ$	$\ln LB$	$\ln GGDP$	$\ln LQ$	$\ln LB$
1	1.000	0.000	0.000	0.031	0.969	0.000	0.017	0.009	0.974
2	0.923	0.006	0.071	0.038	0.945	0.016	0.036	0.008	0.956
3	0.860	0.007	0.133	0.039	0.938	0.023	0.078	0.008	0.913
4	0.826	0.007	0.167	0.039	0.936	0.025	0.108	0.009	0.883
5	0.812	0.007	0.181	0.039	0.935	0.026	0.120	0.009	0.871
6	0.808	0.007	0.185	0.039	0.935	0.026	0.124	0.009	0.867
7	0.808	0.007	0.185	0.039	0.935	0.026	0.124	0.009	0.867
8	0.808	0.007	0.185	0.039	0.935	0.026	0.124	0.009	0.867
9	0.808	0.007	0.185	0.039	0.935	0.026	0.124	0.009	0.867
10	0.808	0.007	0.185	0.039	0.935	0.026	0.124	0.009	0.867

从表8.6方差分解的结果来看，以经济增长为响应变量，经济增长率的方差来自自身的影响逐渐减轻，从第1期的100%降至第10期的80.8%，来自风险投资本地偏好的影响逐渐上升，从第1期的0上升到第6期的18.5%，并在以后各期中基本为18.5%。但风险投资集聚的影响始终比较小，从第2期开始，风险投资本地偏好对经济增长的方差仅贡献了0.6%左右的解释能力。跨期对比发现，区域经济增长主要依靠自身惯性，风险投资本地偏好的贡献度呈增长趋势，风险投资集聚的贡献度比较小。结合PVAR回归结果、脉冲响应图和方差分解图来看，风险投资集聚反向影响经济增长，假设$H5_A$未得到验证，本地偏好正向

影响经济增长，假设 $H6_A$ 得到验证。

当以风险投资集聚为响应变量时，在第 1 期，风险投资集聚的方差的 3.1% 来自经济增长率，96.9% 来自自身，其后各期中，风险投资集聚自身的影响始终较大，从第 5 期开始保持在 93.5%，而风险投资的本地偏好对风险投资集聚的方差的解释力逐渐增加，从第 5 期开始保持在 2.6%，经济增长对风险投资集聚的方差的解释力基本为 3.9%。结合 PVAR 回归结果、脉冲响应图和方差分解图来看，经济增长正向影响风险投资集聚，但这一作用并不显著，假设 $H5_B$ 未得到验证，风险投资的本地偏好正向影响风险投资集聚，假设 H7 得到验证。

以风险投资的本地偏好为响应变量，本地偏好的方差来自自身的影响逐渐减轻，从第 1 期的 97.4% 降至第 10 期的 86.7%，经济增长率的影响从第 1 期的 1.7% 增大到第 6 期的 12.4%，风险投资集聚对本地偏好的方差的解释力基本为 0.9%。结合 PVAR 回归结果、脉冲响应图和方差分解图来看，经济增长会反向影响风险投资的本地偏好，假设 $H6_B$ 得到验证。

通过变换变量的顺序，本书还进行了方差分解的稳健性检验，结果如表 8.7 所示。

表 8.7　　　　　　　方差分解结果的稳健性检验

期数	响应变量：lnLQ			响应变量：ln$GGDP$			响应变量：lnLB		
	lnLQ	ln$GGDP$	lnLB	lnLQ	ln$GGDP$	lnLB	lnLQ	ln$GGDP$	lnLB
1	1.000	0.000	0.000	0.031	0.969	0.000	0.013	0.012	0.974
2	0.975	0.008	0.016	0.020	0.909	0.071	0.011	0.034	0.956
3	0.968	0.009	0.023	0.017	0.851	0.133	0.010	0.077	0.913
4	0.966	0.009	0.025	0.016	0.817	0.167	0.010	0.107	0.883
5	0.965	0.009	0.026	0.015	0.804	0.181	0.010	0.120	0.871
6	0.965	0.009	0.026	0.015	0.800	0.185	0.010	0.123	0.867
7	0.965	0.010	0.026	0.015	0.799	0.185	0.009	0.124	0.867
8	0.965	0.010	0.026	0.015	0.800	0.185	0.009	0.124	0.867
9	0.965	0.010	0.026	0.015	0.800	0.185	0.009	0.124	0.867
10	0.965	0.010	0.026	0.015	0.800	0.185	0.009	0.124	0.867

稳健性检验结果表明,对于风险投资集聚方差的解释因素主要是风险投资集聚自身和风险投资的本地偏好,对风险投资本地偏好方差的解释因素主要是本地偏好自身和区域经济增长,对区域经济增长方差的解释因素主要是区域经济增长自身、风险投资的本地偏好。这一结果与表8.6的方差分解结果基本一致,说明表8.6的方差结果是可靠的。

8.4 本章小结

本章基于2000~2017年省域面板数据,采用面板向量自回归的方法,以风险投资集聚、风险投资本地偏好与区域经济增长率为内生变量,以资本存量、劳动力为外生变量,检验了风险投资集聚、风险投资本地偏好与区域经济增长率的动态互动关系。通过格兰杰因果检验,发现风险投资的本地偏好与区域经济增长之间存在双向格兰杰因果关系,风险投资的本地偏好与风险投资集聚之间存在单向格兰杰因果关系。

通过脉冲响应分析发现:

(1) 风险投资集聚、风险投资的本地偏好和区域经济增长均存在惯性现象,即前一期的变量冲击会影响当期及以后各期的区域经济增长或风险投资的本地偏好,但风险投资集聚对自身的影响主要体现在第1期。

(2) 在其他变量不变的情况下,风险投资本地偏好的一个标准差变化会正向影响区域经济增长率,且这一正向作用在第2期最大,随着时期推移,这一正向作用逐渐减弱。

(3) 在其他变量不变的情况下,区域经济增长一个标准差的变化会负向影响风险投资的本地偏好,且这一负向作用在第2期最大,随着时期推移,这一负向作用逐渐减弱。

(4) 在其他变量不变的情况下,风险投资本地偏好一个标准差变化会正向影响风险投资集聚,且这一正向作用在第1期最大,随着时期推移,这一正向作用逐渐减弱。

第 9 章

结论与启示

我国风险投资的发展存在区域不平衡，风险投资机构、风险投资支持的创业企业均集中在北京、上海和广东，从省级层面计算的区域熵、Moran's I 值也表明风险投资存在空间集聚。因此在分析风险投资的空间特性时，应该基于空间计量模型来展开。本书采用空间计量模型分析了创业企业与风险投资的空间共生、风险投资的空间集聚、风险投资机构的本地偏好三个空间特性。最后，对空间特性与经济增长的关系进行了格兰杰因果检验。

9.1 结 论

以获得风险投资的信息技术企业为样本，研究发现，信息技术企业与风险投资机构在 300 千米范围内的空间共生现象最明显，信息技术企业附近 100 千米以内和 200（含）~300 千米两个范围圈内的风险投资机构增加均使信息技术企业获得更高的风险资本融资额；信息技术企业 100 千米以内、200（含）~300 千米范围圈内的同行数量增加均使其风险资本融资水平显著增加。

风险投资存在空间集聚现象,从时间来看,集聚程度经历了"高—低—高"的变化,从空间来看,北京、上海和广东是我国的风险投资集聚区域,且北京、上海始终位于 Moran 散点图中的第一象限。省域层面的风险投资集聚水平存在正向的空间关联效应,地方政府对科技事业的支持、第三产业的发展、区域人力资本和交通基础设施均会显著促进风险投资的集聚。

风险投资存在本地偏好,从资本来源看,中资背景的风险投资机构的本地偏好程度更强;从背景来看,政府背景风险投资机构的本地偏好程度更强,外资背景、混合背景风险投资机构的本地偏好更弱;从总部位置来看,总部位于北京、上海或深圳的风险投资机构的本地偏好更弱;从经验来看,经验丰富的风险投资机构的本地偏好程度更弱。从时间上来分析,2000~2003 年的风险投资机构的本地偏好程度最强,其后出现明显下降。

风险投资机构的本地偏好存在同群效应,即风险投资机构的本地偏好受同群机构本地偏好的显著影响。究其内在机理是同群效应不仅可以降低投资的不确定性,而且还能有效地减少因信息不对称而带来的交易费用。

对风险投资集聚、风险投资的本地偏好与区域经济增长之间的关系进行分析,面板向量自回归结果表明,风险投资集聚、风险投资的本地偏好、区域经济增长均存在惯性,除风险投资集聚的影响主要集中于第 1 期外,其他两个变量一个标准差的冲击都会带来之后各期的正向反应,且这一正向反应具有减小的趋势。风险投资的本地偏好与区域经济增长之间存在双向格兰杰因果关系,风险投资的本地偏好与风险投资集聚之间存在单向格兰杰因果关系。前一期风险投资的本地偏好正向地影响当期区域经济增长,前一期的经济增长负向影响风险投资的本地偏好,前一期的风险投资本地偏好正向影响风险投资集聚程度。

9.2 启 示

创业企业与风险资本存在空间共生现象，对于创业企业而言，为了获得风险资本融资，在创业企业选址时，应该在产业集聚的地区进行选址，这不仅有助于创业企业获得行业知识溢出，还可以显著增加获得风险资本的融资金额。同时，对于信息技术企业，应该在风险投资集中的城市 300 千米半径范围内选址，这会有助于获得风险资本支持。对于地方政府而言，如果致力于通过发展信息技术产业来实现经济转型，在发展信息技术产业的同时也应该扶持本地风险投资业的发展，从而促进本地信息技术企业获得风险资本融资。同时，地方政府也可以通过搭建投融资平台，增进 200（含）~300 千米范围内邻近区域的风险投资机构与本地 IT 企业之间的沟通与了解，促成邻近城市风险投资机构对本地创业企业的投资。

我国风险投资存在区域不平衡，北京、上海、广东始终是风险投资机构集聚的地区。对于其他地区而言，地方政府可以通过加大对科技事业的支持、促进第三产业的发展、提高人员受教育水平和发展交通基础设施来提高本地风险投资的集聚程度。

风险投资的本地偏好存在同群效应，由此，对于风险投资机构而言，正确认识和理解自身的投资行为背后的原因有助于调整投资策略，客观地对待同群效应。对于监管层而言，可以利用风险投资机构本地偏好的同群效应，通过对一些风险投资机构投资地域的引导，带动其他机构的投资选择，进而实现对投资地域的引导。

风险投资的本地偏好正向影响区域经济增长，区域经济增长负向影响风险投资的本地偏好，从这一角度来看，风险投资的本地偏好有助于缩小其他省份与北京、上海和广东之间的区域经济增长差异。风险投资的本地偏好会促进风险投资集聚，这也同样有助于减小风险投资的区域差异。

9.3 本研究的局限与后续研究展望

本书存在一些局限和未来可进一步探讨的问题，具体如下：

（1）变量度量方法上有待进一步丰富。本书采用等权重计算现有投资组合的平均距离与基准投资组合的平均距离的偏离程度，随着风险投资交易数据的完善，未来研究中可以以交易规模为权重，采用加权平均的方法来度量风险投资的本地偏好。

（2）空间权重矩阵采用了地理距离矩阵、经济距离矩阵和经验—地理矩阵，随着高铁建设的推进，后续研究中可以在地理距离的基础上考虑通勤时间来构造空间权重矩阵。另外还可考虑基于经济结构相似度距离、制度距离、文化距离来构造空间权重矩阵，并比较使用各类空间权重矩阵构造的空间依赖对实证结果的影响。

（3）本书基于空间计量模型研究了风险投资的空间效应，考虑了空间依赖对风险投资与创业企业空间共生、风险投资集聚、风险投资的本地偏好的影响。随着地理加权回归方法处理面板空间数据的成熟，未来研究中还可在考虑空间异质性的基础上对风险投资的空间特性进行研究。

（4）本书采用面板向量自回归的方法探索了风险投资的空间集聚、风险投资的本地偏好与经济增长之间的关系，但对于相互作用的机制还有待进一步进行实证研究。

参 考 文 献

[1] 阿尔弗雷德·韦伯. 工业区位论 [M]. 李刚剑, 陈志人, 张英保, 译. 北京: 商务印书馆, 1997.

[2] 阿弗里德·马歇尔. 经济学原理 [M]. 廉运杰, 译. 北京: 华夏出版社. 2005.

[3] 艾伯特·赫希曼. 经济发展战略 [M]. 曹征海, 潘照东, 译. 北京: 经济科学出版社, 1991.

[4] 艾洪德, 徐明圣, 郭凯. 我国区域金融发展与区域经济增长关系的实证分析 [J]. 财经问题研究, 2004 (7): 26-32.

[5] 奥古斯特·勒施. 经济空间秩序 [M]. 王守礼, 译. 北京: 商务印书馆, 2010.

[6] 保罗·埃尔霍斯特. 空间计量经济学——从横截面数据到空间面板 [M]. 肖光恩, 译. 北京: 中国人民大学出版社, 2015.

[7] 蔡莉, 朱秀梅, 孙开利. 我国风险投资区域聚类研究 [J]. 管理学报, 2004 (2): 195-198, 126.

[8] 曹国华, 蔡永清, 罗成. 基于高新技术企业的中国科技保险与风险投资的协同发展 [J]. 科学学与科学技术管理, 2010, 31 (9): 25-28.

[9] 陈工孟, 蔡新颖. 中国风险投资发展的区域差异研究 [J]. 证券市场导报, 2009, 202 (5): 4-8.

[10] 陈凯. 道统经济学 [M]. 北京: 经济科学出版社, 2015.

[11] 陈治, 张所地. 中国风险投资分布现状及发展研究 [J]. 未来与发展, 2010, 31 (3): 11-15.

[12] 成思危. 积极稳妥地推进我国的风险投资事业 [J]. 管理世界, 1999 (1): 3-5.

[13] 崔光庆, 王景武. 中国区域金融差异与政府行为: 理论与经验解释 [J]. 金融研究, 2006 (6): 79-89.

[14] 单豪杰. 中国资本存量K的再估算: 1952~2006年 [J]. 数量经济技术经济研究, 2008, 25 (10): 17-31.

[15] 道格拉斯·格林沃德. 经济学百科全书 [M]. 李滔, 冯之佩, 孙永澂, 杨文士, 译. 北京: 中国社会科学出版社, 1992.

[16] 邓慧慧, 赵家羚. 地方政府经济决策中的"同群效应" [J]. 中国工业经济, 2018, 361 (4): 59-78.

[17] 丁艺, 李靖霞, 李林. 金融集聚与区域经济增长——基于省际数据的实证分析 [J]. 保险研究, 2010 (2): 20-30.

[18] 董金玲. 我国区域金融研究综述与展望 [J]. 经济学动态, 2008 (11): 73-76.

[19] 范巧, 郭爱君. 一种嵌入空间计量分析的全要素生产率核算改进方法 [J]. 数量经济技术经济研究, 2019, 36 (8): 165-181.

[20] 方芳, 李长治. 金融集聚效应: 城市群边界VS省际行政边界 [J]. 经济地理, 2020, 40 (9): 53-61.

[21] 苟燕楠, 董静. 风险投资背景对企业技术创新的影响研究 [J]. 科研管理, 2014, 35 (2): 35-42.

[22] 管子 [M]. (房玄龄注) 上海: 上海古籍出版社, 2015.

[23] 郭丽环, 郭东强. 在线投资行为的本地偏好: 基于在线融资市场的实证研究 [J]. 中国管理科学, 2020, 28 (5): 25-38.

[24] 河上公. 老子 [M]. 北京: 中国书店, 2013.

[25] 胡海峰, 胡吉亚. 风险投资学 [M]. 北京: 首都师范大学出版社, 2016.

[26] 黄福广, 彭涛, 邵艳. 地理距离如何影响风险资本对新企业的投资 [J]. 南开管理评论, 2014, 17 (6): 83-95.

[27] 黄解宇,杨再斌. 金融集聚论:金融中心形成的理论与实践解析 [M]. 北京:中国社会科学出版社,2006.

[28] 黄晓,胡汉辉. 风险投资的地理聚集性:国外研究动态与启示 [J]. 技术经济,2014,33 (7):55-61.

[29] 冀昀. 尚书 [M]. 北京:线装书局,2007.

[30] 金雪军,田霖. 金融地理学:国外地理学科研究新动向 [J]. 经济地理,2004 (6):721-725.

[31] 李红,王彦晓. 金融集聚、空间溢出与城市经济增长——基于中国286个城市空间面板杜宾模型的经验研究 [J]. 国际金融研究,2014 (2):89-96.

[32] 李健. 金融发展中的结构问题 [M]. 北京:中国人民大学出版社,2004.

[33] 李林,丁艺,刘志华. 金融集聚对区域经济增长溢出作用的空间计量分析 [J]. 金融研究,2011 (5):113-123.

[34] 李小建. 金融地理学理论视角及中国金融地理研究 [J]. 经济地理,2006 (5):721-725,730.

[35] 李延喜,高锐,杜瑞. 信息优势与投资者地缘效应的关系研究 [J]. 科研管理,2012,33 (2):115-121.

[36] 李振发,徐梦冉,贺灿飞,潘峰华. 金融地理学研究综述与展望 [J]. 经济地理,2018,38 (7):7-15.

[37] 李政,杨思莹. 财政分权体制下的城市创新水平提升——基于时空异质性的分析 [J]. 产业经济研究,2018,97 (6):50-61.

[38] 林光平,龙志和,吴梅. 我国地区经济收敛的空间计量实证分析:1978-2002年 [J]. 经济学(季刊),2005 (S1):67-82.

[39] 刘程军,王周元晔,杨增境,周建平,蒋建华. 多维邻近视角下长江经济带区域金融空间联系特征及其影响机制 [J]. 经济地理,2020,40 (4):134-144.

[40] 刘红,叶耀明. 金融集聚与区域经济增长:研究综述 [J]. 经

济问题探索,2007 (11): 46 - 52.

[41] 刘进军. 中国区域金融协调机制研究 [D]. 天津: 天津财经大学,2015.

[42] 刘曼红, Levensohn P. 风险投资学 [M]. 北京: 对外经济贸易大学出版社,2011.

[43] 刘卫东,刘超. 风险投资区域分布性研究 [J]. 技术经济, 2005 (11): 60 - 61.

[44] 龙玉,李曜. 风险投资应该舍近求远吗——基于我国风险投资区域退出率的实证研究 [J]. 财贸经济,2016 (6): 129 - 145.

[45] 龙玉,赵海龙,张新德,李曜. 时空压缩下的风险投资——高铁通车与风险投资区域变化 [J]. 经济研究,2017,52 (4): 195 - 208.

[46] 罗伯特·M. 索洛. 经济增长理论分析 [M]. 史清琪,等译. 北京: 商务印书馆. 1991.

[47] 讷克斯. 不发达国家的资本形成问题 [M]. 谨斋,译. 北京: 商务印书馆,1966.

[48] 潘峰华,徐晓红,夏亚博,赖志勇. 境外金融地理学研究进展及启示 [J]. 地理科学进展,2014,33 (9): 1231 - 1240.

[49] 潘英丽. 论金融中心形成的微观基础——金融机构的空间聚集 [J]. 上海财经大学学报,2003 (1): 50 - 57.

[50] 钱苹,张帏. 我国创业投资的回报率及其影响因素 [J]. 经济研究,2007 (5): 78 - 90.

[51] 任英华,徐玲,游万海. 金融集聚影响因素空间计量模型及其应用 [J]. 数量经济技术经济研究,2010,27 (5): 104 - 115.

[52] 佘金凤,汤兵勇. 风险投资发展区域分布不平衡的形成机理研究 [J]. 科学学与科学技术管理,2007 (3): 113 - 116.

[53] 孙建,齐建国. 中国区域知识溢出空间距离研究 [J]. 科学学研究,2011,29 (11): 1643 - 1650.

[54] 孙久文,叶裕民. 区域经济学教程 [M]. 3 版. 北京: 中国

人民大学出版社, 2020.

[55] 陶治, 张国胜. 金融中心论 [M]. 北京: 经济日报出版社, 2020.

[56] 藤田昌久, 保罗·克鲁格曼, 安东尼·J. 维纳布尔斯. 空间经济学——城市、区域与国际贸易 [M]. 梁琦, 译. 北京: 中国人民大学出版社, 2011.

[57] 田澍, 江萍. 中国 QDII 基金经理海外联系与投资偏好研究 [J]. 世界经济, 2016, 39 (5): 146-167.

[58] 王兵, 杨宝, 冯子珈. 同群效应: 同辈群体影响大学生创业意愿吗 [J]. 科学学研究, 2017, 35 (4): 593-599.

[59] 王春超, 钟锦鹏. 同群效应与非认知能力——基于儿童的随机实地实验研究 [J]. 经济研究, 2018, 53 (12): 177-192.

[60] 王宏伟. 信息产业与中国经济增长的实证分析 [J]. 中国工业经济, 2009 (11): 66-76.

[61] 王家庭, 张俊韬. 我国 IT 产业的空间集聚: 基于30省区面板数据的实证研究 [J]. 当代经济科学, 2011, 33 (1): 85-90, 127.

[62] 王劲峰, 廖一兰, 刘鑫. 空间数据分析教程 [M]. 2版. 北京: 科学出版社, 2019.

[63] 王景武. 金融发展与经济增长: 基于中国区域金融发展的实证分析 [J]. 财贸经济, 2005 (10): 23-26, 96.

[64] 王谦, 王迎春. 风险投资的区域集聚与投资的地理亲近性研究——基于英、德两国风险投资的分析 [J]. 国际商务对外经济贸易大学学报, 2005 (4): 67-71.

[65] 王曦, 党兴华. 本地偏好对退出绩效的影响研究——基于中国本土风险投资机构的经验检验 [J]. 科研管理, 2014, 35 (2): 111-118.

[66] 王曦, 党兴华. 风险投资机构本地偏好影响因素研究——基于中国风险投资业证据 [J]. 科技进步与对策, 2013, 30 (22): 6-10.

[67] 王晓翌, 陈乾坤. 行为金融的本地偏好理论研究综述 [J]. 中

南财经政法大学学报, 2011 (1): 50 - 55.

[68] 王宇, 郭新强, 干春晖. 关于金融集聚与国际金融中心建设的理论研究——基于动态随机一般均衡系统和消息冲击的视角 [J]. 经济学 (季刊), 2014, 14 (1): 331 - 350.

[69] 王子明, 周立. 中国各地区金融发展与经济增长 1978 - 2000 [J]. 金融研究, 2002 (10): 1 - 13.

[70] 沃尔特·克里斯塔勒. 德国南部中心地原理 [M]. 常正兴, 等译. 北京: 商务印书馆, 1998.

[71] 吴超鹏, 吴世农, 程静雅, 王璐. 风险投资对上市公司投融资行为影响的实证研究 [J]. 经济研究, 2012, 47 (1): 105 - 119, 160.

[72] 吴立广, 黄珍. 国际分散化投资与本土偏好行为——基于QDⅡ对外投资基金的实证分析 [J]. 产经评论, 2012, 3 (1): 138 - 146.

[73] 吴三忙, 李善同. 中国制造业空间分布分析 [J]. 中国软科学, 2010, 234 (6): 123 - 131, 150.

[74] 武巍, 刘卫东, 刘毅. 西方金融地理学研究进展及其启示 [J]. 地理科学进展, 2005 (4): 19 - 27.

[75] 肖光恩, 刘锦学, 谭赛月明. 空间计量经济学——基于MAT-LAB 的应用分析 [M]. 北京: 北京大学出版社, 2018.

[76] 徐涛, 李立, 王亚亚. "母国偏好"之谜的理论、实证及发展——一个文献综述 [J]. 上海金融, 2014 (2): 22 - 29, 116.

[77] 许昊, 万迪昉, 徐晋. 风险投资背景、持股比例与初创企业研发投入 [J]. 科学学研究, 2015, 33 (10): 1547 - 1554.

[78] 许红, 张春芳. 中国IT产业集聚度实证研究 [J]. 价格月刊, 2009 (2): 12 - 14.

[79] 晏艳阳, 邓嘉宜, 文丹艳. 同群效应对创业活动影响的模型构建与实证 [J]. 中国管理科学, 2018, 26 (5): 147 - 156.

[80] 杨大楷, 陈伟. 风险投资背景对我国创业板 IPO 影响分析 [J]. 同济大学学报 (社会科学版), 2012, 23 (5): 106 - 116.

[81] 姚昕, 潘是英, 孙传旺. 城市规模、空间集聚与电力强度 [J]. 经济研究, 2017, 52 (11): 165-177.

[82] 尹优平. 中国区域金融协调发展研究 [D]. 成都: 西南财经大学, 2007.

[83] 余琰, 罗炜, 李怡宗, 朱琪. 国有风险投资的投资行为和投资成效 [J]. 经济研究, 2014, 49 (2): 32-46.

[84] 俞颖, 苏慧琨, 李勇. 区域金融差异演进路径与机理 [J]. 中国工业经济, 2017 (4): 74-93.

[85] 约翰·冯·杜能. 孤立国同农业和国民经济的关系 [M]. 吴衡康译. 北京: 商务印书馆, 1986.

[86] 张帆. 中国金融产业集聚效应及其时空演变 [J]. 科研管理, 2016, 37 (S1): 417-425.

[87] 张军, 吴桂英, 张吉鹏. 中国省际物质资本存量估算: 1952-2000 [J]. 经济研究, 2004 (10): 35-44.

[88] 张军洲. 中国区域金融分析 [M]. 北京: 中国经济出版社, 1995.

[89] 张顺明, 王彦一, 陈之娴, 依布拉音·巴斯提. 暧昧与国际资产组合选择 [J]. 系统工程理论与实践, 2016, 36 (10): 2465-2476.

[90] 张天宇, 钟田丽. 基于学习行为的资本结构同伴效应实证研究 [J]. 管理科学, 2019, 32 (12): 94-107.

[91] 张维迎. 博弈论与信息经济学 [M]. 上海: 上海人民出版社, 2004.

[92] 张五常. 经济解释 [M]. 北京: 中信出版社, 2014.

[93] 张玄, 冉光和, 陈科. 金融集聚对区域民营经济成长的空间效应研究 [J]. 科研管理, 2020, 41 (5): 259-268.

[94] 张学勇, 廖理. 风险投资背景与公司 IPO: 市场表现与内在机理 [J]. 经济研究, 2011, 46 (6): 118-132.

[95] 张谊浩, 陈一童. 开放式股票型基金的本地偏好研究 [J]. 中

国经济问题, 2016 (4): 35-48.

[96] 张玉华, 李超. 中国创业投资地域集聚现象及其影响因素研究 [J]. 中国软科学, 2014, 288 (12): 93-103.

[97] 赵静梅, 吴风云, 罗梅. 投资决策中地区偏好与地区规避的实证研究 [J]. 投资研究, 2012, 31 (1): 123-141.

[98] 赵晓斌, 王坦. 跨国公司总部与中国金融中心发展——金融地理学的视角与应用 [J]. 城市规划, 2006 (S1): 23-28.

[99] 珍妮特·K. 史密斯, 理查德·L. 史密斯, 理查德·T. 布利斯. 创业融资: 战略、估值与交易结构 [M]. 沈艺峰, 覃家琦, 肖珉, 张俊生, 译. 北京: 北京大学出版社, 2017.

[100] 支大林. 中国区域金融研究 [D]. 长春: 东北师范大学, 2002.

[101] 周天芸, 岳科研, 张幸. 区域金融中心与区域经济增长的实证研究 [J]. 经济地理, 2014, 34 (1): 114-120.

[102] 兹维·博迪, 罗伯特·C. 默顿, 戴维·L. 克利顿. 金融学 [M]. 曹辉, 曹音, 译. 北京: 中国人民大学出版社, 2010.

[103] Aabo T, Pantzalis C, Park J C. Political interference and stock price consequences of local bias [J]. Financial Review, 2016, 51 (2): 151-190.

[104] Abrigo M, Love I. Estimation of panel vector autoregression in Stata [J]. The Stata Journal, 2016, 16 (3): 778-804.

[105] Ackert L F, Church B K, Tompkins J, et al. What's in a name? an experimental examination of investment behavior [J]. Review of Finance, 2005, 9 (2): 281-304.

[106] Agnes P. The "end of geography" in financial services? local embeddedness and territorialization in the interest rate swaps industry [J]. Economic Geography, 2000, 76 (4): 347-366.

[107] Ahearne A G, Griever W L, Warnock F E. Information costs and

home bias: an analysis of US holdings of foreign equities [J]. Journal of International Economics, 2004, 62 (2): 313 – 336.

[108] Akerlof G. The market for "lemons": quality uncertainty and the market mechanism [J]. Quarterly Journal of Economics, 1970, 84 (3): 488 – 500.

[109] Amin A, Wilkinson F. Learning, proximity and industrial performance: an introduction [J]. Cambridge Journal of Economics, 1999, 23 (2): 121 – 125.

[110] Anderson C W, Fedenia M, Hirschey M, et al. Cultural influences on home bias and international diversification by institutional investors [J]. Journal of Banking & Finance, 2011, 35 (4): 916 – 934.

[111] Andrews D W K, Lu B. Consistent model and moment selection procedures for GMM estimation with application to dynamic panel data models [J]. Journal of Econometrics, 2001, 101 (1): 123 – 164.

[112] Anselin L. Spatial econometrics: methods and models [M]. Dordrecht: Kluwer Academic Publishers, 1988.

[113] Arrow K J. Uncertainty and the welfare economics of medical care [J]. Journal of Health Politics Policy and Law, 2001, 26 (5): 851 – 883.

[114] Bailey W, Kumar A, Ng D. Foreign investments of US individual investors: causes and consequences [J]. Management Science, 2008, 54 (3): 443 – 459.

[115] Bekaert G, Hoyem K, Hu W-Y, et al. Who is internationally diversified? Evidence from the 401 (k) plans of 296 firms [J]. Journal of Financial Economics, 2017, 124 (1): 86 – 112.

[116] Bergin P R, Pyun J H. International portfolio diversification and multilateral effects of correlations [J]. Journal of International Money and Finance, 2016 (62): 52 – 71.

[117] Bertoni F, Colombo M G, Grilli L. Venture capital investor type

and the growth mode of new technology-based firms [J]. Small Business Economics, 2013, 40 (3): 527 – 552.

[118] Bönte W. Inter-firm trust in buyer-supplier relations: are knowledge spillovers and geographical proximity relevant? [J]. Journal of Economic Behavior & Organization, 2008, 67 (3): 855 – 870.

[119] Bottazzi L, Da Rin M, Hellmann T. Who are the active investors: evidence from venture capital [J]. Journal of Financial Economics, 2008, 89 (3): 488 – 512.

[120] Bradley D, Pantzalis C, Yuan X. The influence of political bias in state pension funds [J]. Journal of Financial Economics, 2016, 119 (1): 69 – 91.

[121] Brander J A, Du Q Q, Hellmann T. The effects of government-sponsored venture capital: international evidence [J]. Review of Finance, 2015, 19 (2): 571 – 618.

[122] Bruce S. Peer effects with random assignment: results for Dartmouth roommates [J]. The Quarterly Journal of Economics, 2001, 116 (2): 681 – 704.

[123] Burke M A, Sass T R. Classroom peer effects and student achievement [J]. Journal of Labor Economics, 2013, 31 (1): 51 – 82.

[124] Chen H, Gompers P, Kovner A, et al. Buy local? the geography of venture capital [J]. Journal of Urban Economics, 2010, 67 (1): 90 – 102.

[125] Christelis D, Georgarakos D. Investing at home and abroad: different costs, different people? [J]. Journal of Banking & Finance, 2013, 37 (6): 2069 – 2086.

[126] Christophers B, Leyshon A, Mann G. Money and finance after the crisis: critical thinking for uncertain times [M]. Oxford: Wiley Blackwell, 2017.

[127] Coase R H. Problem of social cost [J]. Journal of Law & Economics, 1960, 3 (4): 1 – 44.

[128] Coase R H. The nature of the firm [J]. Economica, 1937, 4 (16): 386 – 405.

[129] Coval J D, Moskowitz T J. Home bias at home: local equity preference in domestic portfolios [J]. Journal of Finance, 1999, 54 (6): 2045 – 2073.

[130] Coval J D, Moskowitz T J. The geography of investment: informed trading and asset prices [J]. Journal of Political Economy, 2001, 109 (4): 811 – 841.

[131] Cumming D, Dai N. Local bias in venture capital investments [J]. Journal of Empirical Finance, 2010, 17 (3): 362 – 380.

[132] Cumming D J, Grilli L, Murtinu S. Governmental and independent venture capital investments in Europe: a firm-level performance analysis [J]. Journal of Corporate Finance, 2017 (42): 439 – 459.

[133] Daly K, Xuan Vinh V. The determinants of home bias puzzle in equity portfolio investment in Australia [J]. International Review of Financial Analysis, 2013 (27): 34 – 42.

[134] De Clercq D, Goulet P K, Kumpulainen M, et al. Portfolio investment strategies in the Finnish venture capital industry: A longitudinal study [J]. Venture Capital, 2001, 3 (1): 41 – 62.

[135] Delfino A, Marengo L, Ploner M. I did it your way. an experimental investigation of peer effects in investment choices [J]. Journal of Economic Psychology, 2016 (54): 113 – 123.

[136] Dimmock S G, Gerken W C, Graham N P. Is fraud contagious? coworker influence on misconduct by financial advisors [J]. The Journal of Finance, 2018, 73 (3): 1417 – 1450.

[137] Dixit A K, Stiglitz J E. Monopolistic competition and optimum

product diversity [J]. American Economic Review, 1977, 67 (3): 297 - 308.

[138] Dow S, Rodriguez-Fuentes C. Regional finance: a survey [J]. Regional Studies, 1997, 31 (9): 903 - 920.

[139] Dube J, Legros D, Theriault M, et al. A spatial Difference-in-Differences estimator to evaluate the effect of change in public mass transit systems on house prices [J]. Transportation Research Part B-Methodological, 2014 (64): 24 - 40.

[140] Dziuda W, Mondria J. Asymmetric information, portfolio managers, and home bias [J]. Review of Financial Studies, 2012, 25 (7): 2109 - 2154.

[141] Faria A P, Barbosa N. Does venture capital really foster innovation? [J]. Economics Letters, 2014, 122 (2): 129 - 131.

[142] Florida R L, Kenney M. Venture capital, high technology and regional development [J]. Regional Studies, 1988, 22 (1): 33 - 48.

[143] French K R, Poterba J M. Investor diversification and international equity markets [J]. American Economic Review, 1991, 81 (2): 222 - 226.

[144] Fuller D B. How law, politics and transnational networks affect technology entrepreneurship: Explaining divergent venture capital investing strategies in China [J]. Asia Pacific Journal of Management, 2010, 27 (3): 445 - 459.

[145] Gelos R G, Wei S-J. Transparency and international portfolio holdings [J]. The Journal of Finance, 2005, 60 (6): 2987 - 3020.

[146] Glaeser E, Sacerdote B, Scheinkman J. Crime and social interactions [J]. Quarterly Journal of Economics, 1996, 111 (2): 507 - 548.

[147] Goldsmith R. Financial structure and development [M]. New Haven: Yale University Press, 1969.

[148] Granovetter M. Economic action and social structure: the problem of embeddedness [J]. American Journal of Sociology, 1985, 91 (3): 481 – 510.

[149] Grennan J. Dividend payments as a response to peer influence [J]. Journal of Financial Economics, 2019, 131 (3): 549 – 570.

[150] Guo B, Lou Y, Perez-Castrillo D. Investment, duration, and exit strategies for corporate and independent venture capital-backed start-ups [J]. Journal of Economics & Management Strategy, 2015, 24 (2): 415 – 455.

[151] Guo D, Jiang K. Venture capital investment and the performance of entrepreneurial firms: evidence from China [J]. Journal of Corporate Finance, 2013 (22): 375 – 395.

[152] Gupta A K, Sapienza H J. Determinants of venture capital firms' preferences regarding the industry diversity and geographic scope of their investments [J]. Journal of Business Venturing, 1992, 7 (5): 347 – 362.

[153] Harvey D. The limit to capital [M]. Oxford: Basil Blackwell, 1982.

[154] Hochberg Y V, Rauh J D. Local overweighting and underperformance: evidence from limited partner private equity investments [J]. Review of Financial Studies, 2013, 26 (2): 403 – 451.

[155] Hong H, Kubik J D, Stein J C. Social interaction and stock-market participation [J]. Journal of Finance, 2004, 59 (1): 137 – 163.

[156] Huang Y, Qiu H, Wu Z. Local bias in investor attention: evidence from China's internet stock message boards [J]. Journal of Empirical Finance, 2016 (38): 338 – 354.

[157] Huberman G. Familiarity breeds investment [J]. Review of Financial Studies, 2001, 14 (3): 659 – 680.

[158] Ivković Z, Weisbenner S. Information diffusion effects in individual investors' common stock purchases: covet thy neighbors' investment choices

[J]. The Review of Financial Studies, 2007, 20 (4): 1327 – 1357.

[159] Kim H. The spatial impact of cultural distances on home bias across Asian emerging markets [J]. Atlantic Economic Journal, 2017, 45 (1): 81 – 101.

[160] King R G, Levine R. Finance and growth: Schumpeter might be right [J]. The Quarterly Journal of Economics, 1993, 108 (3): 717 – 737.

[161] Kolympiris C, Kalaitzandonakes N, Miller D. Spatial collocation and venture capital in the US biotechnology industry [J]. Research Policy, 2011, 40 (9): 1188 – 1199.

[162] Krugman P. First nature, second nature, and metropolitan location [J]. Journal of Regional Science, 1993, 33 (2): 129 – 144.

[163] Krugman P R. Increasing returns and economic geography [J]. Journal of Political Economy, 1991 (99): 483 – 499.

[164] Krugman P R. Increasing returns, monopolistic competition, and international trade [J]. Journal of International Economics, 1979, 9 (4): 469 – 479.

[165] Lavigne S, Nicet-Chenaf D. Out of sight, out of mind: when proximities matter for mutual fund flows [J]. Economic Geography, 2016, 92 (3): 322 – 344.

[166] Leary M T, Roberts M R. Do Peer Firms Affect Corporate Financial Policy? [J]. The Journal of Finance, 2014, 69 (1): 139 – 178.

[167] Lee H S. Peer networks in venture capital [J]. Journal of Empirical Finance, 2017 (41): 19 – 30.

[168] Lee L-f, Yu J. Estimation of spatial autoregressive panel data models with fixed effects [J]. Journal of Econometrics, 2010, 154 (2): 165 – 185.

[169] Leinbach T R, Amrhein C. A geography of the venture capital industry in the United States [J]. Professional Geographer, 1987, 39 (2): 146 – 158.

［170］Leyshon A. Geographies of money and finance Ⅲ［J］. Progress in Human Geography, 1998, 22（3）: 433 - 446.

［171］Leyshon A. Geographies of money and finance Ⅱ［J］. Progress in Human Geography, 1997, 21（3）: 381 - 392.

［172］Leyshon A. Geographies of money and finance Ⅰ［J］. Progress in Human Geography, 1995, 19（4）: 531 - 543.

［173］Liao L, Li Z, Zhang W, et al. Does the location of stock exchange matter? a within-country analysis［J］. Pacific-Basin Finance Journal, 2012, 20（4）: 561 - 582.

［174］Liao T L, Sung H C, Yu M T. Advertising and investor recognition of banking firms: evidence from Taiwan［J］. Emerging Markets Finance and Trade, 2016, 52（4）: 812 - 824.

［175］Lieberman M B, Asaba S. Why do firms imitate each other?［J］. Academy of Management Review, 2006, 31（2）: 366 - 385.

［176］Lucas R. On the mechanism of economic development［J］. Journal of Monetary Economics, 1988, 22（1）: 3 - 42.

［177］Lutz E, Bender M, Achleitner A K, et al. Importance of spatial proximity between venture capital investors and investees in Germany［J］. Journal of Business Research, 2013, 66（11）: 2346 - 2354.

［178］Luukkonen T, Deschryvere M, Bertoni F. The value added by government venture capital funds compared with independent venture capital funds［J］. Technovation, 2013, 33（4 - 5）: 154 - 162.

［179］Maier M, Scholz H. A return - based approach to identify home bias of European equity funds［J］. The European Journal of Finance, 2018, 24（15）: 1288 - 1310.

［180］Manigart S, Lockett A, Meuleman M, et al. Venture capitalists' decision to syndicate［J］. Entrepreneurship Theory and Practice, 2006, 30（2）: 131 - 153.

[181] Manski C F. Economic analysis of social interactions [J]. Journal of Economic Perspectives, 2000, 14 (3): 115 – 136.

[182] Manski C. Identification of endogenous social effects: the reflection problem [J]. The Review of Economic Studies, 1993, 60 (3): 531 – 542.

[183] Martin R, Berndt C, Klagge B, et al. Spatial proximity effects and regional equity gaps in the venture capital market: evidence from Germany and the United Kingdom [J]. Environment and Planning a-Economy and Space, 2005, 37 (7): 1207 – 1231.

[184] Mason C M, Harrison R T. The geography of venture capital investments in the UK [J]. Transactions of the Institute of British Geographers, 2002, 27 (4): 427 – 451.

[185] Mavruk T. Local bias of investors in Sweden [J]. International Research Journal of Finance and Economics, 2008 (22): 7 – 25.

[186] Morse A, Shive S. Patriotism in your portfolio [J]. Journal of Financial Markets, 2011, 14 (2): 411 – 440.

[187] Myrdal G. The economic theory and the underdeveloped regions [M]. London: Gerald Duckworth, 1957.

[188] NVCA. What is venture capital? [EB/OL]. [2018 – 08 – 01]. https://nvca.org/about-us/what-is-vc/.

[189] O'Brien R. Global financial integration: the end of geography [M]. London: International Affairs (Royal Institute of International Affairs 1944 –), 1992.

[190] Ouimet P, Tate G. Learning from coworkers: peer effects on individual investment decisions [J]. The Journal of Finance, 2020, 75 (1): 133 – 172.

[191] Pan F, Zhao S X B, Wójcik D. The rise of venture capital centres in China: a spatial and network analysis [J]. Geoforum, 2016 (75): 148 – 158.

[192] Park K, Yang I, Yang T. The peer – firm effect on firm's investment decisions [J]. North American Journal of Economics and Finance, 2017 (40): 178 – 199.

[193] Parwada J T. The genesis of home bias? the location and portfolio choices of investment company start-ups [J]. Journal of Financial and Quantitative Analysis, 2008, 43 (1): 245 – 266.

[194] Piccioni J L, Sheng H H, Lora M I. Mutual fund managers stock preferences in Latin America [J]. International Review of Financial Analysis, 2012 (24): 38 – 47.

[195] Pomorski L. Follow the leader: peer effects in mutual fund portfolio decisions [EB/OL]. [2019 – 12 – 19]. https://ssrn.com/abstract = 954116.

[196] Pool V K, Stoffman N, Yonker S E. No Place Like Home: Familiarity in Mutual Fund Manager Portfolio Choice [J]. Review of Financial Studies, 2012, 25 (8): 2563 – 2599.

[197] Portes R, Rey H. The determinants of cross-border equity flows [J]. Journal of International Economics, 2005, 65 (2): 269 – 296.

[198] Pradkhan E. Impact of culture and patriotism on home bias in bond portfolios [J]. Review of Managerial Science, 2016, 10 (2): 265 – 301.

[199] Riff S, Yagil Y. Behavioral factors affecting the home bias phenomenon: experimental tests [J]. Journal of Behavioral Finance, 2016, 17 (3): 267 – 279.

[200] Rind K W. The role of venture capital in corporate development [J]. Strategic Management Journal, 1981, 2 (2): 169 – 180.

[201] Rocha H O, Sternberg R. Entrepreneurship: the role of clusters theoretical perspectives and empirical evidence from Germany [J]. Small Business Economics, 2005, 24 (3): 267 – 292.

[202] Romer P M. Increasing returns and long-run growth [J]. Journal of Political Economy, 1986, 94 (5): 1002 – 1037.

[203] Rutterford J, Sotiropoulos D P, van Lieshout C. Individual investors and local bias in the UK, 1870 – 1935 [J]. Economic History Review, 2017, 70 (4): 1291 – 1320.

[204] Sapienza H J, Manigart S, Vermeir W. Venture capitalist governance and value added in four countries [J]. Journal of Business Venturing, 1996, 11 (6): 439 – 469.

[205] Schwartz D, Bar-El R. Venture investments in Israel – a regional perspective [J]. European Planning Studies, 2007, 15 (5): 623 – 644.

[206] Solnik B, Zuo L. Relative optimism and the home bias puzzle [J]. Review of Finance, 2016, 21 (5): 2045 – 2074.

[207] Solow R M. A contribution to the theory of economic growth [J]. The Quarterly Journal of Economics, 1956, 70 (1): 65 – 94.

[208] Sorenson O, Stuart T, et al. Syndication networks and the spatial distribution of venture capital investments [J]. American Journal of Sociology, 2001, 106 (6): 1546 – 1588.

[209] Spence M. Signaling in retrospect and the informational structure of markets [J]. American Economic Review, 2002, 92 (3): 434 – 459.

[210] Sulaeman J. Do local investors know more? evidence from mutual fund location and investments [J]. Quarterly Journal of Finance, 2014, 4 (2).

[211] Swan T W. Economic growth and capital accumulation [J]. Economic Record, 1956, 32 (2): 334 – 361.

[212] Tan J, Zhang W, Xia J. Managing risk in a transitional environment: an exploratory study of control and incentive mechanisms of venture capital firms in China [J]. Journal of Small Business Management, 2008, 46 (2): 263 – 285.

[213] Tesar L L, Werner I M. United-States equity investment in emerging stock markets [J]. World Bank Economic Review, 1995, 9 (1): 109 – 129.

[214] Thrift N J. On the social and cultural determinants of international financial centres: the case of the city of London [M]. Oxford: Blackwell, 1994.

[215] Tobler W R. A Computer Movie Simulating Urban Growth in the Detroit Region [J]. Economic Geography, 1970, 46 (sup1): 234 – 240.

[216] Ughetto E. Assessing the contribution to innovation of private equity investors: a study on European buyouts [J]. Research Policy, 2010, 39 (1): 126 – 140.

[217] Wallsten S J. An empirical test of geographic knowledge spillovers using geographic information systems and firm – level data [J]. Regional Science and Urban Economics, 2001, 31 (5): 571 – 599.

[218] Williamson O E. The economics of organization: the transaction cost approach [J]. American Journal of Sociology, 1981, 87 (3): 548 – 577.

[219] Wójcik D. The dark side of NY-LON: financial centres and the global financial crisis [J]. Urban Studies, 2013, 50 (13): 2736 – 2752.

[220] Zhang A C, Fang J, Jacobsen B, et al. Peer effects, personal characteristics and asset allocation [J]. Journal of Banking & Finance, 2018 (90): 76 – 95.

[221] Zhang Y, Mayes D G. The performance of governmental venture capital firms: a life cycle perspective and evidence from China [J]. Pacific-Basin Finance Journal, 2018 (48): 162 – 185.

[222] Zhao S X B, Zhang L, Wang D T. Determining factors of the development of a national financial center: the case of China [J]. Geoforum, 2004, 35 (5): 577 – 592.

[223] Zook M A. Grounded capital: venture financing and the geography of the Internet industry, 1994 – 2000 [J]. Journal of Economic Geography, 2002, 2 (2): 151 – 177.